Barbara Wilde

Die Lust an der Trennung

Barbara Wilde

Die Lust an der Trennung

Im Chaos der Gefühle

ECON Verlag
Düsseldorf · Wien · New York

Die Deutsche Bibliothek – CIP-Einheitsaufnahme

Wilde, Barbara:
Die Lust an der Trennung: Im Chaos der Gefühle / Barbara Wilde.
Düsseldorf; Wien; New York: ECON Verl., 1991
ISBN 3-430-19672-8

Umschlaggestaltung: Klaus Detjen
Gesetzt aus der Palatino, Linotype
Satz: Formsatz GmbH, Diepholz
Papier: Papierfabrik Schleipen GmbH, Bad Dürkheim
Druck und Bindearbeiten: F. Pustet, Regensburg
Printed in Germany
ISBN 3-430-19672-8

Inhalt

Kapitel II

Anhang

Über dieses Buch

Was hält Menschen in Beziehungen gefangen? Warum schaffen sie es nicht, sich zu trennen? Warum ist es so schwierig, sich von einem Partner zu lösen, wenn man erkannt hat, daß man unter der Beziehung leidet, daß sie der persönlichen Weiterentwicklung, dem Selbstwertgefühl und der eigenen Liebesfähigkeit schadet?
Die Tage und Wochen, an denen man traurig, unzufrieden oder depressiv ist, überwiegen. Immer seltener fühlt man sich glücklich, lacht und ist voller Lebensfreude und Zuversicht.
Jeder fragt: Warum trennst du dich nicht? Und warum gehst du nach vollzogener Trennung wieder zurück, wenn sich nur das kleinste Anzeichen eines Hoffnungsschimmers zeigt? Warum hängst du so an der Beziehung? Warum gibst du nicht auf und erkennst, daß sie nie das sein wird, was du dir in deinen Träumen vorstellst?
Ich habe mir diese Fragen oft gestellt. Und nicht nur ich, sondern viele andere Menschen, die ich im Laufe der Recherchen für mein Buch interviewte, ebenso. Es waren Männer und Frauen, die sich in einem Trennungs- und Liebeswechsel gefangen fühlten und nach dem »Warum« fragten. Liegt der Grund für die Vermeidung einer Trennung darin, daß es sich um wirkliche Liebe handelt?
Wohl kaum. Wer sich wirklich liebt, versucht sich nicht gegenseitig zu zerstören. Wer liebt, versucht nicht, mit Hilfe seines Partners eigene Defizite auszugleichen. Wer

liebt, ist um das physische und psychische Wohlbefinden seines Partners besorgt. Nur das zählt dann. Man lebt nicht gegeneinander, sondern miteinander. Man führt keinen Krieg, sondern sucht eine gemeinsame Basis. Und wenn man die nicht findet, dann sollte man sich trennen. Endgültig.

Es ist schwer, sich einzugestehen, daß Beziehungen, in denen sich Zuneigung und Verletzungen, Trennungen und Gemeinsamkeiten ständig abwechseln, auf emotionaler Abhängigkeit beruhen und mit Liebe nichts zu tun haben. Das ist eine harte Einsicht.

Sie war auch für mich hart. Ich habe in einer Beziehung gelebt, in der die emotionale Skala von Liebe bis Haß reichte. Von Hoffnung bis Enttäuschung. Fünf Jahre lang. Aber damals war ich mir dessen nicht bewußt. Ich glaubte, es sei Liebe, und für diese Liebe müßte ich kämpfen.

Ich habe mich getäuscht. Was ich mit Liebe verwechselte, war eine Art Seelen-Sado-Masochismus. Ein gegenseitiges Quälen und Gequältwerden. Eine Partnerschaft, in der das Selbstwertgefühl litt, anstatt zu wachsen. Eine Partnerschaft, die zum schmerzhaften Mittelpunkt meines Lebens wurde und jeden Tag mein Denken, Fühlen und Handeln beeinflußte. Eine Partnerschaft, in der ich im Wechselbad der Gefühle, im Chaos lebte.

Ob es Partnerschaften oder Ehen sind, viele Menschen leben darin und leiden. Zumeist Frauen, denn sie haben in ihrem Innersten stärker die Bereitschaft auszuharren und ihre Unabhängigkeit für einen Mann aufzugeben.

Was steckt hinter solchen Beziehungen? Wo liegen die Gründe für unser Verhalten, wie finden wir aus solch destruktiven Beziehungen heraus? Die Antworten versuche ich in diesem Buch zu geben.

Leider gibt es keine Liste, die man als erledigt beiseite legen kann, wenn man alle Ratschläge berücksichtigt hat. Man kann aus diesen Beziehungen nur ausbrechen und sich vor ähnlich gearteten Partnerschaften schützen, wenn man eine Reise in sein Inneres wagt. Ich habe mich seinerzeit zu einem solchen Schritt entschlossen.

Im zweiten Teil dieses Buches untersuche ich eine ganz andere Form der Trennungslust. Es geht nicht um die wiederholte Trennung vom selben Partner, sondern um die einmalige Trennung, weil der Partner nicht der richtige war. Oft steckt die Angst vor wirklicher Nähe, vor einer neuen Enttäuschung dahinter, die dann Männer und Frauen leicht zu Beziehungskonsumenten werden läßt.

Auf der einen Seite ist es gut, daß Trennungen nicht mehr als dramatische Lebensereignisse bewertet werden. Die meisten von uns haben mehrere Trennungen hinter sich. Trennungen, so kann man sagen, gehören zu unserem Leben. Aber genauso, wie wir oft Schwierigkeiten haben loszulassen, wenn es nötig ist, lassen wir auch häufig zu früh los, weil wir uns den Anforderungen einer Beziehung nicht mehr stellen wollen. Dies betrifft beide Geschlechter gleichermaßen.

Für Frauen ist dieses Verhalten allerdings neu. Gerade sie hatten früher Angst vor der Trennung. Angst, danach ihr Leben selbst in die Hand nehmen zu müssen.

Mittlerweile stehen Gründe wie Selbstverwirklichung, Unabhängigkeit und Freiheit bei Trennungen und Trennungsabsichten im Vordergrund. Vielleicht einfach nur deshalb, weil wir Angst haben, auf unsere schwer erkämpften Errungenschaften verzichten zu müssen.

Vielleicht ist es aber auch nur ein Kampf gegen uns selbst, gegen unsere im Widerspruch befindlichen Gefühle, Hoffnungen, Erwartungen und Wünsche. Einerseits wünschen wir uns Nähe, Intimität und Geborgenheit, auf der anderen

Seite wollen wir endlich aus der Rolle der abhängigen, stets verständnisvollen Frau ausbrechen.
Über diesen tiefen, spezifisch weiblichen Rollenkonflikt sollten wir uns im klaren sein, denn wir müssen abwägen, wann die Trennung von unserem Partner wirklich notwendig ist und wann sie nur auf Grund unserer Angst vor Nähe und erneuten Abhängigkeiten geschieht.
Denn was jeder von uns wirklich möchte, ist eine Beziehung, die glücklich, fröhlich und zufrieden macht. Aber um das zu erreichen, müssen wir in den Spiegel schauen. Ganz offen und ehrlich.

München, im Oktober 1990

Kapitel I

1 Warum kommen wir nicht voneinander los

Lust kann auch Qual bedeuten.
Eine Qual für die Seele.

Wenn man sich immer wieder vom selben Partner trennt

»Es war wie eine Sucht. Ich kam einfach nicht von ihm los«, sagt eine 38jährige Interviewpartnerin über ihre Beziehung zu ihrem Freund.
Was heißt eigentlich Sucht?[1] Sucht bedeutet eine starke Fixierung und Abhängigkeit. Wenn wir abhängig sind, weichen wir ständig vor ungelösten Konflikten aus, verdrängen sie und verlieren immer stärker die Kontrolle über uns und unsere Situation. Wir können nicht nur nach Drogen, Essen, Spielen oder Arbeit süchtig werden, sondern auch nach einem Menschen, wenn er uns das gibt, was wir brauchen.
In einer Partnerschaft bedeutet Sucht: Wir verlieren uns selbst, weil wir die Beziehung brauchen, nicht loslassen können, auch wenn wir spüren, daß diese Partnerschaft uns schadet. Und wenn wir es doch geschafft haben, auf unsere Droge, den Partner, zu verzichten, werden wir nach kurzer Zeit rückfällig.
Hören wir uns die Aussagen von Christine, 32, an. Christi-

ne ist Journalistin. Schlank, mit langen dunkelblonden Haaren. Sie ist das, was man unter einer attraktiven, erfolgreichen und selbstbewußten Frau versteht:
»Ich verstehe es nicht. Ich verstehe nicht, warum ich so lange brauchte, um mich endgültig zu trennen. Den Versuch habe ich oft gemacht. Ich bin sogar aus der gemeinsamen Wohnung ausgezogen. Trotzdem waren Peter und ich immer nach ein paar Tagen oder Wochen wieder zusammen. Die Beziehung tat mir nicht gut. Sie war destruktiv. Das wußte ich. Ich litt, war unglücklich, unzufrieden und fühlte mich verletzt. Trotzdem konnte ich ihn nicht verlassen.
In den kurzen Trennungsphasen fühlte ich mich nicht befreit. Im Gegenteil. Peter fehlte mir unbeschreiblich, und je mehr Tage verstrichen, desto erstrebenswerter kam mir die Beziehung vor. Und ich hatte plötzlich Angst. Angst, ihn zu verlieren. Eigentlich waren diese Empfindungen lächerlich, es erschien mir selbst so. Ich hatte schließlich genügend Freunde, eine interessante Arbeit, und ich verdiente gut.
Bei alldem wußte ich immer, daß Peter wieder zurückkommen würde. Egal, ob ich mich von ihm oder er sich von mir getrennt hatte. Irgendwann stand er bei mir vor der Tür, mit den Nerven am Ende, voller Reue und Schuldempfinden.
Wenn ich heute, nachdem wir seit einem Jahr endgültig getrennt sind, darüber nachdenke, kommt mir diese Zeit fast unwirklich vor. Ich war damals wie gefangen. Ich ließ mich immer wieder verletzen, ohne mich je ernsthaft zu wehren. Ich hatte mir ein Gefängnis geschaffen, aus dem ich nicht mehr herausfand.
Ich bin heute froh, daß diese Zeit hinter mir liegt. Denn jetzt bin ich wieder eine optimistische und lebensfrohe Frau. Am

Ende meiner Beziehung zu Peter war ich das nicht mehr. Ich war nur noch niedergeschlagen, mit meinen Kräften am Ende.«

Die Geschichte von Christine und Peter, die sich aus ihrer zerstörerischen Beziehung nur mit großer Mühe befreien konnten, ist kein Einzelfall, auch wenn jede Beziehung ihren eigenen, individuellen Gesetzen folgt.

Die Lust an der ständigen Trennung vom selben Partner und an leidenschaftlichen Versöhnungen ist für viele Partner offenbar ein ganz normales Phänomen. Für Freunde, Eltern, Verwandte ist dieses Verhalten jedoch unverständlich. Sie fragen sich: Warum kommen die beiden nicht voneinander los? Warum fängt die Beziehung immer wieder von vorne an? Sie wissen doch, daß es nicht funktioniert? Sie müssen sich doch daran erinnern, wie schlecht sie sich während der Beziehung fühlten? Dieses Trennungskarussell ist keineswegs auf Partner mit Kindern oder anderen Verpflichtungen wie Finanzen o. ä. beschränkt, die ein solches Verhalten erklären könnten, auch Partner ohne jegliche Abhängigkeit sind ihm unterworfen.

Einer Untersuchung der Gesellschaft für rationelle Psychologie zum Thema Partnerschaft und Sexualität aus dem Jahr 1989 zufolge trennen sich viele Paare im Laufe ihrer Partnerschaft für eine gewisse Zeit, um dann wieder zusammenzuleben. Befragt wurden 3284 verheiratete und ohne Trauschein zusammenlebende Paare. Die Ergebnisse sind Durchschnittswerte.

42 Prozent der unverheirateten Paare trennen sich 3,4mal. Die erste Trennung findet nach einem Jahr und zwei Monaten statt. Sie dauert drei Monate und 24 Tage. Die zweite Trennung wird nach einem Jahr und elf Monaten vollzogen. Trennungsdauer: fünf Monate und elf Tage.

17 Prozent der Verheirateten trennen sich 1,3mal. Sie gehen das erste Mal nach drei Jahren und sieben Monaten auseinander. Die Trennung dauert sieben Monate und 20 Tage. Die zweite Trennung geschieht nach fünf Jahren und fünf Monaten. Trennungsdauer: elf Monate und 27 Tage.
Acht Prozent der Geschiedenen heiraten denselben Partner ein zweites Mal.
Solchen scheinbar sinnlosen Trennungen stehen Partnerschaften gegenüber, in denen eine Trennung auf Zeit einen Zweck erfüllt, weil sie einen therapeutischen Effekt für die Beziehung hat. (Mehr darüber in dem Kapitel »Trennung als Therapie« ab Seite 95.)
Aber um diese Partnerschaften geht es an dieser Stelle nicht, sondern um solche, die aus einer ungesunden gegenseitigen Abhängigkeit resultieren. Es sind Beziehungen, die die Selbstachtung erschüttern und das Selbstvertrauen zerstören. Sie sind äußerst komplex und lassen sich nicht so einfach beenden, etwa im Sinn einer Kosten-Nutzen-Rechnung, die feststellt: Die Kosten sind zu hoch, es besteht keine Chance, die Verbindung positiv zu verändern.
In diesen Beziehungen hält man aneinander fest, koste es, was es wolle. Man handelt gegen die eigenen Interessen und findet immer wieder Gründe, der Partnerschaft doch noch Chancen einzuräumen. Hierbei entwickelt jeder der Betroffenen ein umfangreiches Repertoire an Selbsttäuschungstechniken:

Alexandra, 26, Verkäuferin: »Das kann doch nicht alles umsonst gewesen sein. Immer diese Kämpfe, die dauernden Tränen, meine ständigen Versuche, ihn zu ändern. Mein Verzeihen. Irgendwann wird er einsehen, daß er mich liebt, und wir werden zusammen glücklich sein. So richtig als Familie und mit Kindern. Dann wird es eine perfekte Beziehung.«

Julia, 29, Bankkauffrau: »Eigentlich liebt er mich ja. Er kann es nur nicht so zeigen. Das liegt daran, daß er als Kind von seiner Mutter nicht genug Liebe bekommen hat.«

Andrea, 39, Ärztin: »Man darf eine Beziehung nicht so schnell aufgeben. Krisen gibt es überall. Man muß nur darum kämpfen.«

Eva, 36, PR-Assistentin: »Irgendwann wird er seine Frau schon verlassen. Eigentlich finde ich es auch gut, daß er soviel Verantwortungsgefühl hat.«

Karin, 29, Lehrerin: »Ich werde nie mehr einen Mann finden, den ich so sehr liebe.«

Was genau bedeutet Abhängigkeit in einer Beziehung, Abhängigkeit von dem Partner? Daß man gewisse Fixierungen auf einen Menschen, den man liebt, entwickelt und dabei nicht zu hundert Prozent eine autonome Persönlichkeit bleibt, ist normal. Man hat den Wunsch zusammenzusein, den Wunsch, gemeinsam Dinge zu unternehmen, die Sehnsucht nach Zärtlichkeit und einer gemeinsamen Zukunft. Trotzdem bleibt jeder in der Beziehung frei. Frei in der Entscheidung, mit dem anderen die Beziehung aufrechtzuerhalten oder nicht. Eine solche Verbindung kann als gesund gelten. Dies sind die Kennzeichen einer ungesunden Abhängigkeit:

- Wenn man zwanghaft mit einem Partner zusammenbleibt, aus einem überwältigenden Bedürfnis heraus, das sich jeglicher Kontrolle entzieht. Beide Partner finden immer wieder Scheinargumente für die Beziehung, die aber die Nachteile der Beziehung nicht aufwiegen. Die Beziehung und ihre Probleme beanspruchen die Partner über die Maßen, werden zum Mittelpunkt ihres Denkens.

Auch wenn sie miteinander zumeist unglücklich und unzufrieden sind, unternehmen sie keine wirklichen Anstrengungen, um sich aus der Beziehung zu befreien. Die häufigen Scheintrennungen dienen nur dazu, Machtverhältnisse in der Beziehung zu untermauern oder den Partner zu gewünschten Handlungsweisen zu zwingen. Dadurch soll der Partner veranlaßt werden, sich zu verändern. Die Partnerschaft soll verbessert werden, und die Trennung erfolgt nicht aus wirklicher Überzeugung.

- Beim Gedanken an Trennung treten panikartige Gefühle auf. Die Partner leben in ständiger Angst vor dem Ende ihrer Beziehung. Diese Angst muß nicht immer auf beiden Seiten gleich sein. Meistens taucht sie wechselseitig auf, je nachdem, wer sich gerade in der stärkeren oder schwächeren Position der Beziehung befindet.

- Die Partner leiden unter regelrechten Entzugssymptomen, wenn die Beziehung sich dem Ende nähert oder wenn das Ende gekommen scheint. Ganz gleich, ob es sich um ein vorläufiges oder ein wirkliches Ende handelt. Oft macht sich die Störung der Partnerschaft durch psychosomatische Beschwerden wie Kopfschmerzen, Übelkeit, Magenschmerzen, Herzbeschwerden, Kreislaufstörungen oder Depressionen bemerkbar. Das Verlangen nach dem Partner wächst mit jedem Tag, an dem

man ihn nicht sieht. Reaktionen wie »rein zufällig« an einen Ort zu gehen, wo sich der Partner aufhalten könnte, sind typisch. Oder man arrangiert unter Vorwänden Treffen (aus beruflichen Gründen, oder weil man irgend etwas beim anderen vergessen hat . . .). Andere versuchen, den Partner oder Ex-Partner eifersüchtig zu machen, um ihn mittels Verlustängsten wieder an sich zu binden. Andere rufen ihren Ex-Partner an und legen dann sofort auf. Sie wollen einfach nur seine Stimme hören.
Das Verlangen nach dem Partner, von dem man abhängig ist, kann so stark werden, daß man trotz bester Vorsätze wieder rückfällig wird und zu ihm zurückgeht oder nachgibt, wenn er Schritte zur Versöhnung unternimmt. Meistens werden dann die negativen Aspekte der Beziehung wieder verdrängt. Jeder betreibt »Schönfärberei« und verhält sich nach dem Motto: »Eigentlich lieben wir uns doch. Jetzt wird alles anders. Jetzt haben wir es endlich begriffen.«

- Wenn man es schafft, sich trotz dieser Abhängigkeit aus der Beziehung zu befreien, treten nach der anfänglichen Trauerperiode Gefühle von Triumph und Haß auf. Bei einer nichtabhängigen Beziehung hingegen kommt es nach der Trauerphase entweder zu einem liebevollen Gefühl der Verbundenheit oder zu Gleichgültigkeit – je nachdem, wie die Beziehung aussah und wie die Trennung vollzogen wurde.

Manchmal erscheint nur ein Partner abhängig, weil der andere nach außen hin mehr Stärke, Souveränität und Selbstvertrauen ausstrahlt. Er verhält sich freier und lebt auch sein eigenes Leben. Dies ist aber oft nur eine Scheinunabhängigkeit. In Wirklichkeit versucht dieser Partner, seine Abhängigkeit durch ein bemühtes Autonomiestreben zu verstecken. Er möchte sich seine Abhängigkeit, Schwäche und Unsicherheit nicht eingestehen, besonders nicht gegenüber seinem Partner. Deshalb tarnt er sich: Er kritisiert den Partner wegen seiner Abhängigkeit; er ermutigt ihn, stärker eigenen Interessen nachzugehen; er geht häufiger allein weg oder pflegt seine Hobbys; er betrügt den Partner.

Folgt der bislang schwächere Partner seinem Rat und ändert sein Verhalten, indem er mehr Eigenständigkeit an den Tag legt, reagiert der angeblich Stärkere panisch und greift zu Sanktionen: Er macht dem anderen Vorwürfe, beschuldigt ihn, verletzt ihn, wird gewalttätig oder aber er steigert seine scheinbare Unabhängigkeit, um dadurch im Partner Ängste zu schüren.

Eine Abhängigkeitsbeziehung funktioniert nur, wenn beide diese Neigung haben. Wäre einer ein unabhängiger Mensch, würde er sich bald von dem anderen trennen, weil er nach einer erwachsenen, egalitären Partnerschaft strebt. Ob man nach außen schwach oder stark erscheint, hat keinerlei Bedeutung. Die Rollen des Stärkeren und Schwächeren innerhalb der Beziehung können auch wechseln.

Christine erzählt: »Manchmal redete ich nächtelang auf ihn ein. Ich versuchte, ihn zu überzeugen, wie schön wir es miteinander haben könnten. Ich erklärte ihm, was ich von ihm erwartete und wie wir zu einer zufriedeneren Partnerschaft gelangen könnten. Er sagte kein Wort dazu. Nur irgendwann später äußerte er: ›Hör endlich auf zu reden, du gehst mir auf die Nerven.‹

Ich erzählte ihm jeden Tag, wie sehr ich ihn liebe. Er gierte nach Liebesbeweisen. Als ich mit unserem Wunschkind schwanger war, sagte ich ihm täglich, wie schön es sein würde, Vater zu werden. Das forderte er von mir. Wenn ich es nicht tat, schmollte er und wollte das Baby nicht mehr haben. Obwohl ich mir hierbei tausend Blößen gab, mich geradezu selbst verleugnete, fühlte ich mich nie wirklich schwach. Ich wußte, daß er auf jeden Mann, mit dem ich nur ein Wort wechselte, krankhaft eifersüchtig war; daß er es nicht ertragen konnte, wenn ich im Mittelpunkt stand; daß ich viele Freunde hatte, er aber nicht; daß ich ihm intellektuell überlegen war. Dennoch begab ich mich freiwillig in eine unterlegene Position ihm gegenüber.«

Um zu begründen, weshalb sie in einer abhängigen Beziehung leben, bringen die Betroffenen Argumente wie die folgenden vor:

- »Weil die Kinder sonst leiden«;
- »Weil ich niemanden habe, der auf den Hund aufpaßt, wenn ich in der Arbeit bin«;
- »Weil ich kein Geld habe«;
- »Weil ich abends jemanden brauche, mit dem ich reden kann«;
- »Weil ich nicht allein schlafen kann«.

Solche Erklärungen bleiben an der Oberfläche. Die eigentlichen Gründe liegen viel tiefer, nämlich in den Erlebnissen der Kindheit, den Erfahrungen mit unseren Eltern oder anderen engen Bezugspersonen.[2]
Manchmal liegen Erklärungen offen: Ein Mädchen, das den starken Vater liebte, sich aber oft zurückgewiesen fühlte, sucht in ihren Beziehungen Männer, die in ihrem Verhalten Parallelen zu ihrem Vater aufweisen. Auf diese Weise ent-

sprechen sie der inneren Notwendigkeit, den ungelösten Vater-Tochter-Konflikt mit Verspätung doch noch zu lösen. Ein Mann, der als Junge unter seiner wenig liebevollen, egozentrischen Mutter litt, versucht als Erwachsener, seine Partnerin unbewußt für die Fehler seiner Mutter zu bestrafen. Er sucht ständig nach Beweisen ihrer Zuneigung und reagiert extrem verbittert, zornig und verletzt, wenn seine Partnerin nicht wunschgerecht reagiert.

Aber die ungenügende Befriedigung von Kindheitsbedürfnissen durch die Eltern ist nicht immer der Grund für Abhängigkeiten von Partnern. Manchmal ist die Unfähigkeit von Vater oder Mutter, die schon erwachsenen Kinder aus der elterlichen Symbiose zu entlassen, die Ursache. Manche Eltern boykottieren die Autonomiebemühungen ihres Kindes, anstatt ihm Unterstützung und Vertrauen entgegenzubringen.

Wenn man das Gefühl hat, in einer abhängigen Beziehung zu stecken, sollte man ergründen, wo die Ursachen dafür liegen. Das kann jeder nur für sich selbst herausfinden, durch die Erinnerung an früher, durch Konflikte, die man heute noch, oder zumindest latent, mit seinem Vater oder seiner Mutter austrägt, durch Gespräche mit Therapeuten. Denn nur wenn man die Gründe kennt, hat man auch die Chance, nicht wieder in irgendeine abhängige Beziehung zu stolpern.

Viele Menschen, die mehrfach in solchen Beziehungen gelebt haben, stellen bei einem Resümee ihres Liebeslebens fest, daß die Neigung zur Abhängigkeit in allen Partnerschaften eine Rolle spielte. Sie stellen fest, daß sie immer wieder ähnliche Charaktere zu ihrem Partner gewählt haben. Darüber können auch nicht ein völlig unterschiedliches Aussehen, Alter, Beruf oder Bildung hinwegtäuschen.

Wenn Sie sich darüber klarwerden wollen, ob Sie in einem Abhängigkeitsverhältnis zu Ihrem Partner stehen, sollten Sie folgende Feststellungen mit Ja oder Nein beantworten. Wenn Sie mehr als sechs Aussagen mit Ja beantwortet haben, ist die Wahrscheinlichkeit, daß Sie so eine Abhängigkeitsbeziehung führen, groß.
Seien Sie ehrlich gegen sich selbst. Überprüfen Sie nach der ersten Beantwortung nochmals alle Aussagen. Versuchen Sie nicht, sich selbst durch Scheinargumente von Ihrer eigenen Unabhängigkeit zu überzeugen:

1. Sie fühlen sich öfter schuldig und verantwortlich dafür, daß die Beziehung nicht funktioniert. Dabei wissen Sie eigentlich, daß es nicht nur an Ihnen liegt.
2. Sie suchen die Schuld ständig bei Ihrem Partner oder schieben ihm die Schuld in die Schuhe. Sie haben das Gefühl, daß es eine gute Beziehung sein könnte, wenn er sich endlich Mühe geben würde.
3. Sie haben sich schon oft gefragt, warum Sie sich nicht endgültig von Ihrem Partner trennen.
4. Sie hegen schon lange Trennungsgedanken, schieben sie aber immer wieder beiseite, in der Hoffnung, daß sich die Beziehung doch noch positiv entwickelt.
5. Beim Gedanken an Trennung ergreift Sie Panik, Angst, starke Verlustängste werden wach.
6. Sie haben das Gefühl, nie mehr so lieben zu können.
7. Sie zehren von der Vorstellung, wie schön die Beziehung doch sein könnte und wie gut Sie sich doch eigentlich mit dem anderen verstehen könnten.
8. Sie sind häufig unglücklich, haben auch wegen Banalitäten Streit und fühlen sich lieblos behandelt.
9. Sie haben sich schon einmal oder mehrfach von Ihrem Partner getrennt.

10. Ihr Partner hat sich schon einmal oder mehrmals von Ihnen getrennt.
11. Im Laufe der Trennungszeit haben Sie sehr gelitten, obwohl eigentlich jeder Ihrer Bekannten sagte: Sei doch froh, daß es vorbei ist.
12. Im Laufe der Trennungszeit kam Ihnen die Beziehung immer schöner und erstrebenswerter vor. Groll, Abneigung und Verletztheit nahmen immer mehr ab.
13. Sie wünschten sich, einfach nur die Stimme Ihres Partners zu hören.
14. Ihre Gedanken kreisten ständig um den anderen. Sie fragten sich, was er wohl gerade täte. Ob er sich amüsierte oder ebenso litt wie Sie.
15. Als Sie wieder Kontakt zu Ihrem Partner hatten und spürten, daß er die Beziehung auch wieder wollte, waren Sie glücklich.
16. Sie hatten das Gefühl, wieder atmen zu können. Sie schwebten im siebten Himmel und verdrängten viele negative Aspekte der Partnerschaft.

2 Seelensadisten und Seelenmasochisten

Der Sadomasochismus in Form sexueller Perversion tritt sehr viel seltener auf als das seelische Quälen und Sich-quälen-Lassen. Wenn ein solches Verhalten auf psychischer Ebene in Beziehungen ausgelebt wird, muß man sich darüber im klaren sein, daß dazu immer zwei gehören: derjenige, der quält, und derjenige, der sich quälen läßt. Diese Partnerkonstellation befriedigt ganz bestimmte Bedürfnisse in unserem Innersten, deren wir uns in der Regel nicht bewußt sind.

Es ist schwer sich einzugestehen, daß man sich im emotionalen Bereich sadistisch oder masochistisch verhält. Denn diese Begriffe sind negativ besetzt. Personen mit solchen Verhaltensweisen, ganz gleich ob in sexueller oder emotionaler Hinsicht, gelten als abartig, krank und zu einem gesunden Beziehungsleben unfähig. Da ihnen dies bekannt ist, tarnen sie ihr verletzendes Verhalten oder ihre zu große Nachgiebigkeit und abgestumpfte Empfindung durch vernünftige Erklärungen. Sie bleiben in einer Beziehung, obwohl sie leiden, unglücklich und unzufrieden sind, weil sie hoffen, daß sich daraus doch noch die gewünschte, wunderschöne, erfüllende Partnerschaft entwickelt. Sie geben nicht auf.

Oder sie verletzen ihren Partner durch Lieblosigkeit, den Entzug von Zärtlichkeit oder durch Desinteresse und weisen ihn zurück, wenn er sie braucht, weil sie ihm die Schuld für die eigene Unzufriedenheit in die Schuhe schieben. Und sie empfinden heimlich Genugtuung, weil sie jede Traurigkeit des Partners und jedes Leiden als Liebesbeweis werten. Der Begründer der Psychoanalyse, Sigmund Freud, sah den Masochismus als einen Primärvorgang an, der die Existenz eines selbstzerstörerischen Triebs bewies, während der Sadismus der Ausdruck eines zerstörerischen Triebs gegenüber anderen ist. In unserer Gesellschaft ist es eher den Männern gestattet, Aggressionen auszuleben und gegen andere zu richten, Frauen hingegen werden dazu erzogen, diese Triebe zu unterdrücken, unterwürfig zu sein. Deshalb findet man unter den Seelenmasochisten häufiger Frauen als Männer und unter den Seelensadisten häufiger Männer als Frauen. Auf der emotionalen Ebene kann die Rolle des Sadisten und des Masochisten in der Partnerschaft kurzfristig wechseln. Dann findet ein Macht- und Rollenkampf statt. Aber meistens sind die Rollen desjenigen, der akzeptiert und hinnimmt, und desjenigen, der austeilt, festgelegt.

Machtkampf und seelischer Sadomasochismus dienen beiden Partnern dazu, die gegenseitige Gebundenheit und das Aufeinanderbezogensein zu festigen. Diese konträren Verhaltensweisen trennen und verbinden zugleich, sie vermitteln den Partnern das lustvolle Erleben einer engen Symbiose. Eine endgültige Trennung führt bei beiden zu schweren Angstzuständen.[3]

Selten tritt die sadomasochistische Partnerkonstellation in der Art offen zutage, daß beispielsweise Männer ihre Frauen schlagen, um dadurch ihre Macht zu dokumentieren, und Frauen sich schlagen lassen und dennoch ihren Partner nicht verlassen. Meistens sind die Beziehungsstrukturen sehr viel komplizierter und weniger leicht zu durchschauen.

Die Grundphantasien des Seelensadisten sind: [4]
»Ich muß den anderen beherrschen, um nicht von ihm beherrscht zu werden.«

- »Ich muß den anderen von mir abhängig machen, um nicht von ihm abhängig zu werden.«
- »Ich muß den anderen frustrieren, um nicht von ihm frustriert zu werden.«
- »Ich muß den anderen auf die Knie zwingen, um nicht von ihm auf die Knie gezwungen zu werden.«
- »Solange ich ihn fertigmache, kann er mich nicht fertigmachen.«

Die Grundphantasien des Seelenmasochisten sind:
»Ich darf mich nicht wehren, sonst wird er mich nicht lieben.«

- »Ich muß ihm verzeihen.«
- »Würde er mich nicht so lieben, würde er mich nicht verletzen.«

Solche Partnerschaften haben die Form der Sucht, der Abhängigkeit. Sie sind zerstörerisch, dennoch halten die Partner an ihnen fest und fühlen sich nicht in der Lage, diese unwiderruflich unbefriedigende Beziehung aufzugeben.

Die Seelenmasochisten

Sie leiden in ihrer Beziehung
und fühlen sich trotzdem stark.
Sie lassen sich erniedrigen und demütigen,
aber sie schaffen es nicht, sich zu trennen.
Sie kämpfen unbeirrt weiter für ihre Liebe.
Fast bis zur Selbstaufgabe.

»Es war ein aufregendes, aber schmerzhaftes Spiel«

Christine, 32, Journalistin, und Peter, 47, Computerfachmann. Fünf Jahre Beziehung.

Es fällt mir immer noch schwer, über unsere Beziehung nachzudenken, mich wirklich damit auseinanderzusetzen. Denn dann werden alle Gefühle wieder wach, die ich seit einem Jahr weit von mir weise. Ich verdränge die Wut, die Sehnsucht, die Liebe, den Haß und den Zorn.

Sofort kehrt das Gefühlschaos zurück. Vor allem, wenn ich an unsere kurzen und langen Trennungsphasen denke. Ich zählte die Tage, an denen ich es schaffte, nicht seine Nummer zu wählen. Ich erinnere mich an die Kraft, die es mich kostete, meinen Anrufbeantworter laufen zu lassen. Mein Verlangen, doch zurückzurufen, wenn er eine Nachricht hinterließ. In schlaflosen Nächten malte ich mir aus, was er jetzt wohl gerade tat. Amüsierte er sich oder litt er? Aber ich fühlte immer: Peter würde zurückkommen – nach einem Tag, nach einer Woche, nach einem Monat.

Wenn ich ehrlich bin, mußte ich innerlich über meine Gewißheit lachen. Wahrscheinlich lachte ich auch über ihn. Hatte ich dabei ein Gefühl von Macht?

Mit der Zeit lernte ich abzuwarten und die Spannung auszukosten, bis Peter wieder bei mir vor der Tür stand: schuldbewußt, traurig und voller guter Vorsätze.

Bis auf die letzte, endgültige Trennung wollte ich keine von ihnen wirklich. Ich glaube, der Reiz dieser Beziehung war größer, als die Kraft, die sie mich kostete. Es war wie eine Sucht nach Drama, Spannung und Aufregung.

Ich lernte Peter in einer Münchner Diskothek kennen. Ich

mag keine Männer, die einsam mit einer Flasche Champus an der Bar hocken und in Diskotheken ihre Nächte verbringen. Normalerweise mache ich einen riesengroßen Bogen um diese Typen. Irgendwie vermitteln sie mir ein ungutes Gefühl, eine diffuse Vorstellung, daß sie jede Menge Probleme mit sich herumschleppen und daß Pomp und Glimmer nur dazu dienen, ihr schwaches Selbstbewußtsein zuzudecken.
Trotz der protzigen Flasche Champagner wirkte Peter anders auf mich. Einfach wie ein lieber, höflicher Mensch. Er hatte schöne blaue Augen und weichgeschwungene, volle Lippen. Er war mittelgroß, schlank und hatte lockige dunkelblonde Haare. Er war verlegen, fast ein wenig schüchtern und unbeholfen, als er mich um einen Tanz bat. Das gefiel mir, war mir sympathisch. Und mit seiner beigen Bundfaltenhose und dem Strickpullover sah er keineswegs wie einer dieser Aufreißertypen aus, die sonst zu Dutzenden in den Diskos rumhängen.
Ich war damals in keiner besonders guten Verfassung. In meinem Job war ich erfolgreich, aber in meinem Privatleben herrschte gähnende Langeweile. Ich fühlte mich allein, war bedrückt und sehnte mich nach Zärtlichkeit und einer neuen Beziehung.
Ich wollte nicht arrogant und cool wirken, deswegen tanzte ich mit Peter. Wir lachten viel und strahlten uns an. Es war ein schönes, warmes Gefühl. Nach einer halben Stunde ging ich wieder zu meinen Freunden an den Tisch zurück, ohne Peter meine Telefonnummer oder meinen Nachnamen verraten zu haben. Ist sicher besser so, dachte ich damals.
Zuerst hielt ich es für einen Aprilscherz, als mich Peter einen Monat später anrief. Es war nämlich genau am ersten April. Aber er war wirklich am Apparat, wollte sich mit mir

treffen. Sofort. Er erschien richtig aufgeregt. Seine Worte überschlugen sich. Er erzählte mir, wie glücklich er sei, mich gefunden zu haben.
Eine Christine in einer Millionenstadt wie München aufzustöbern, sei eine harte Aufgabe. Ich war völlig aus dem Häuschen, aufgedreht und bekam Herzklopfen. Ich bildete mir ein: Das ist der Mann meines Lebens. Das ist der Beginn einer wahnsinnigen Beziehung.
Zwei Tage später trafen wir uns. Peter kam in Anzug und Krawatte die Treppen zu meiner Wohnung herauf. Richtig spießig, wie ein Versicherungsvertreter. Ich stand in einer lila Seidenjacke an der Wohnungstüre, hatte lila Strähnchen in den Haaren. Ich war damals in einer ein wenig flippigen Phase. Wir paßten äußerlich überhaupt nicht zusammen.
Zum Essen fuhren wir in ein teures französisches Lokal. Vorher hielten wir kurz bei Peters Autohändler. Er wollte mir seinen neuen Porsche zeigen, den er in zwei Tagen bekommen würde.
Mein Gott, ging mir der Typ auf die Nerven! Ich hasse Männer, die mit Statussymbolen hausieren gehen. Von seinen zwei gescheiterten Ehen, seinem Sohn, der goldenen American-Express-Karte erzählte er mir beim Nachtisch. »Ich will ganz ehrlich und offen sein«, sagte er und schaute mich eindringlich an. »Ich habe mich wahnsinnig in dich verliebt.«
Danach tranken wir Champagner in einem Nachtclub und nochmals Champagner in der Diskothek, in der wir uns kennengelernt hatten.
Ich war bedient. Völlig frustriert und tief enttäuscht. Als Mann reizte mich Peter kein bißchen, auch sonst fand ich ihn nichtssagend und protzig. »So ein Pech«, dachte ich. »Da macht sich schon mal einer die Mühe, mich wochen-

lang zu suchen, und dann muß es so ein Idiot sein.« Ich schwor mir, nie mehr mit Peter auszugehen. Nur vergeudete Zeit.
Ich tat es trotzdem. Wahrscheinlich weil ich nichts Besseres zu tun hatte. Weil ich es genoß, daß er sich unbeirrt um mich bemühte. Ständig hatte er neue Ideen und Überraschungen parat: mal Premierenkarten für ein Cabaret, eine Spritztour in die Schweiz. Wenn mein Wasserhahn tropfte, stand er prompt mit dem Werkzeug vor der Tür. Er tat alles für mich, und ich fühlte mich geschmeichelt.
Drei Wochen nach unserem ersten Treffen schliefen wir miteinander. Er zündete Kerzen im Schlafzimmer an und trug mich ins Bett. Es war kitschig wie im Liebesroman. Er war liebevoll und zärtlich. Er gab sich alle Mühe, damit es für mich schön wäre.
Seine aufmerksame Art schmeichelte mir, und mit der Zeit sah ich über alle Alarmzeichen hinweg: sein Selbstmitleid, seine Art, ständig von mir die Lösung seiner Probleme zu erwarten, seine Unzufriedenheit. Ich verdrängte auch die Geschichten über seine beiden gescheiterten Ehen und meine eigene Meinung über ihn, die ich mir nach unserem ersten Treffen gebildet hatte.
Die ersten Monate schwebte ich im siebten Himmel. Überglücklich einen Mann zu haben, der wirklich für mich dazusein schien. Ich genoß das Gefühl von Sicherheit und Zuverlässigkeit.
Eigentlich fingen unsere Probleme an dem Tag an, an dem ich mich entschied: Ich will Peter. Er ist der Mann, mit dem ich zusammenbleiben möchte, den ich vielleicht sogar heiraten werde. Das war fünf Monate nach unserer ersten Nacht. Das erste riesengroße Drama inszenierte Peter ein paar Monate später.
Diesen Abend werde ich nie vergessen. Ich hatte mich mit

Freunden zum Abendessen getroffen. Peter haßte es, wenn ich ohne ihn ausging. Ich bestand trotzdem darauf, meine Freunde ab und zu allein zu treffen. Gegen Mitternacht fuhr ich zu Peter. Ich schlief fast jede Nacht bei ihm. Meine Wohnung benutzte ich nur noch als Büro.
Peter war schon zu Hause. Sein weißer Porsche stand in der Tiefgarage. Aber ich konnte nicht in die Wohnung. Von innen steckte sein Schlüssel. Ich klingelte, aber Peter öffnete nicht. Ich war verwirrt. Beunruhigt.
Ich fuhr zu meiner Wohnung und gab mir äußerste Mühe, vernünftig zu sein. Vielleicht schlief er nur tief und fest? Ich rief ihn an. Aber niemand nahm den Hörer ab. Am nächsten Morgen stand ich zeitig auf und fuhr sofort zu ihm. Er wußte, daß ich für zwei Tage geschäftlich verreisen mußte und ihm deswegen meinen Kater vorbeibringen wollte. Immer noch steckte der Schlüssel in der Tür. Meine Hände zitterten. Ich hatte das untrügliche Gefühl, daß irgend etwas nicht stimmte.
Ich klingelte – Peter öffnete die Türe. Er war splitternackt und trug nur das Goldkettchen, das ich ihm zu Weihnachten geschenkt hatte, um den Hals.
Er lächelte mich an und sagte ruhig: »Du kannst hier nicht rein. Ich habe Besuch.« Mein Gesicht wurde kalkweiß. Ich kam mir vor, als würde ich die Hauptrolle in einer billigen Komödie spielen. Ich versuchte, ins Schlafzimmer zu gehen, wollte sehen, wer da war. Peter hielt mich fest. Mein Arm schmerzte. Er lächelte immer noch und sagte: »Fahr nach Hause.« Ich verlor die Fassung. Ich schrie ihm ins Gesicht, was für ein mieser Typ er sei. Ich war verzweifelt, fühlte mich verletzt und gedemütigt. Peter lächelte nur. Ich konnte es nicht fassen: Diese Gleichgültigkeit und sein unentwegtes kaltes Lächeln.
»Es ist Schluß. Aus. Ich will dich nie mehr sehen.« Meine

Worte überschlugen sich. Ich kämpfte mit den Tränen. Er sagte nur kühl: »Wie du meinst.«
Ich fuhr nach Hause. Wie in Trance. Ich verstand nicht, was geschehen war. Warum tat er mir so offensichtlich weh? Warum machte er sich noch nicht einmal die Mühe, seinen Seitensprung geheimzuhalten?
Stundenlang weinte ich. Ich heulte sogar noch, als mein Kollege kam, um mich für die Geschäftsreise abzuholen.
Als ich nach zwei Tagen zurückkam, fühlte ich mich immer noch wie betäubt. Alles in mir war zusammengebrochen: meine schöne Vorstellung von der Beziehung, das Bild, das ich mir von Peter und unserer Zukunft gemacht hatte.
Kaum hatte ich meine Koffer abgestellt, klingelte das Telefon. Peter wollte mir sein Verhalten erklären und mich sehen. Irgendwie war ich froh. Das Gefühl, daß ihm alles gleichgültig wäre, konnte ich nicht ertragen. Trotzdem weigerte ich mich, ihn zu treffen. Am Abend stand Peter vor der Tür. Mit Tränen in den Augen und zwanzig langstieligen Rosen in der Hand. Er stammelte, ich müsse ihn anhören. Er würde mir alles erklären.
Wir redeten stundenlang. Allerdings nicht über ihn, sondern über mich: daß ich zu eigenständig wäre, daß ich ihn nicht genügend liebte und daß er Angst hätte, der Verlierer in unserer Beziehung zu sein. »Ich habe das nur gemacht, um von dir loszukommen. Ich habe das Gefühl, du liebst mich nicht wirklich«, sagte er mit Tränen in den Augen. »Wenn du möchtest, dann heiraten wir sofort, auf der Stelle.«
Er tat mir leid. Auf einmal fühlte ich mich schuldig. Mein Gott, ich nahm ihn sogar in den Arm, tröstete ihn und erklärte ihm, wie sehr ich ihn liebte. Wenn ich heute darüber nachdenke, kommt es mir absurd vor. Unwirklich. Lächerlich.

Als wir an diesem Abend miteinander schliefen, war es so aufregend wie beim ersten Mal.
Überhaupt hatten wir den besten und irresten Sex immer nach unseren Trennungen. Dann konnten wir nicht genug voneinander bekommen und hätten am liebsten den ganzen Tag im Bett verbracht. Dann spürte ich seinen Atem, seine Hände und seine Berührungen so intensiv, daß ich glaubte, auf der Stelle zu sterben. Ich genoß es, mich nach jeder Trennung wieder von ihm verführen zu lassen.
In den ersten Wochen nach dem Desaster mit der anderen Frau schwebten wir im siebten Himmel. Händchenhaltend liefen wir durch die Gegend und fuhren zur Versöhnung nach St. Tropez. Es war ein Leben wie im Rausch. Ich vergaß alles um mich herum: die Arbeit und auch jenes demütigende Erlebnis.
Warum ich Peter nach diesem ersten großen Drama nicht den Laufpaß gab? Die Antwort weiß ich selber nicht, obwohl ich oft darüber nachgedacht habe. Im nachhinein erscheint mir unsere Beziehung wie ein Spiel, das »Liebe und Leid« hieß. Nach jeder Trennung fingen wir wieder von vorne an. Das gleiche Chaos. Der gleiche Schmerz. Der gleiche Reiz. Jeder Neubeginn war aufregend. Prikkelnd. So, als würde ich mich neu in meinen Freund verlieben.
Niemand in meinem Freundeskreis hatte zum Schluß mehr Verständnis für diese ewige Belastung, der ich mich freiwillig aussetzte. In Wirklichkeit gab es auch keine verständlichen Gründe, warum ich mich nicht trennte. Ich verdiente gut, war unabhängig, erfolgreich, genügend Männer fanden mich attraktiv und begehrenswert. Ich fragte mich selber oft: »Hast du das nötig?«
Aber ich steigerte mich immer stärker in diese Beziehung

hinein. Und das Paradoxe war: Je mehr ich für Peter tat, desto weniger engagierte er sich für mich. Dies äußerte sich in Kleinigkeiten, die mir erst später auffielen. Er wurde immer nachlässiger. Gleichgültiger. Aus dem vorher so aufmerksamen Mann wurde jemand, der sich von vorne bis hinten bedienen ließ und abends im alten Jogginganzug vor dem Fernseher hockte. Muffig, schlecht gelaunt und langweilig – bis zum nächsten Trennungsknick. Dann war Peter wie ausgewechselt: witzig, gutgelaunt, aufmerksam und zärtlich.

Er schob mir im übrigen jede Verantwortung für das Funktionieren unserer Partnerschaft zu. In immer kürzeren Abständen inszenierte er Streit und lief unzufrieden, mit abweisendem Gesicht durch die Wohnung. Er begann wieder mit Betrügereien und Heimlichkeiten. Nach Betriebsfeiern kam er erst in den Morgenstunden betrunken nach Hause. Den Abend, an dem wir uns ein Jahr kannten, verbrachte er, wie sich später herausstellte, mit einer anderen Frau.

Was in dieser Zeit in mir vorging, ist schwer zu beschreiben. Ich glaubte immer mehr, es wäre mein Fehler, daß sich dieser so nette und aufmerksame Mann zeitweise in ein menschliches Ungeheuer verwandelte. Ich wollte Peter zurückhaben. So, wie er vorher gewesen war.

Nächtelang redete ich auf ihn ein und diskutierte mit ihm. Ihm ging es nur auf die Nerven. An einem Abend eröffnete er mir: »Es ist besser, wenn wir uns trennen. Ich werde immer der Verlierer in unserer Beziehung sein, und dazu habe ich keine Lust. Außerdem tust du nicht genug für mich!« – »Was soll ich denn machen?« fragte ich ihn. Er zuckte mit den Schultern, überlegte und meinte dann: »Weiß ich nicht, aber darüber könntest du dir mal Gedanken machen.«

Die darauffolgende Woche war die Hölle für mich. Ich hockte nur in der Wohnung und wartete darauf, daß er anrief. Bei jedem Klingeln zuckte ich zusammen. Zweimal liefen wir uns zufällig über den Weg. Nie konnte ich verstehen, warum er so teilnahmslos, so gleichgültig wirkte. Ich rief ihn an und bat ihn um ein Treffen. »Ich habe aber nur bis zehn Uhr Zeit, danach habe ich eine andere Verabredung«, erklärte er mir. Schon Stunden vorher war ich furchtbar aufgeregt. Vergessen waren all die Demütigungen und der Kummer.

Beim Essen sahen wir uns in die Augen. Meine Hände waren eiskalt. Er erklärte mir, er liebe mich immer noch. Alles wäre gut, wenn ich endlich mit ihm zusammenziehen würde. »Das mache ich«, antwortete ich ihm und versprach, meine Wohnung aufzugeben. Ich hoffte, damit wären alle Probleme erledigt. Ich verstand sogar, daß Peter mein ständiges Unabhängigkeitsstreben nicht akzeptieren konnte.

Nach dem Essen gingen wir gemeinsam in seine Wohnung. Er war zärtlich, liebevoll – so wie früher. Ich glaubte ihm, als er sagte: »Wenn du mich immer so anlächelst und mir das Gefühl gibst, der wichtigste Mensch in deinem Leben zu sein, werden wir nie wieder Streit haben.« Was für ein Trugschluß!

Zwei Monate später gab ich meine Wohnung auf und zog bei ihm ein. »Liebst du mich?« fragte er mich. »Dann laß uns ein Kind bekommen.« Einen Monat später war ich schwanger. Er machte eine Flasche Champagner auf, um das freudige Ereignis zu begießen. Danach hockte er eine Stunde schweigend auf dem Sofa und sagte: »Laß das Kind abtreiben.«

Ich weinte, redete auf ihn ein, konnte seinen Gesinnungswandel nicht verstehen. »Erzähl mir, wie schön es ist, Vater zu sein«, sagte er kalt. Vier Monate später verlor ich das Kind.

Als ich im Krankenhaus aus der Narkose erwachte, saß Peter neben mir am Bett. Er weinte. Jeden Tag fuhr er dreimal in die Klinik und brachte mir Bücher, meine Lieblingsgerichte und Blumen. Diese Besuche waren ziemlich aufwendig für ihn, da er seinen Führerschein verloren hatte und jedesmal mit Bus oder S-Bahn eine Stunde unterwegs war. Ich hatte das Gefühl, sein Verhalten während meiner Schwangerschaft tat ihm wirklich leid.

Als ich kurz vor Weihnachten aus der Klinik entlassen wurde, kümmerte Peter sich liebevoll um mich. Er tat alles – putzte die Wohnung, kochte und kam immer mit kleinen Aufmerksamkeiten vom Einkaufen zurück. Zu Weihnachten schenkte er mir einen teuren Pelzmantel, und wir fuhren vier Wochen in Urlaub. Wir machten Pläne für die Zukunft: wir wollten eine neue Wohnung suchen, eventuell heiraten.

Warum ich ihn nicht verließ, obwohl ich ihm die Schuld für meine Fehlgeburt gab? War es Abhängigkeit? Das Gefühl, schon zu viel in diese Beziehung investiert zu haben?

Die gute Phase dauerte genau drei Monate – danach war alles wieder beim alten: Vorwürfe, Langeweile, Streit.

Nach genau einem Jahr Zusammenleben suchte ich mir eine eigene Wohnung und zog aus. Ich fühlte mich erleichtert, frei. So als ob eine riesengroße Last von mir abfiele. Ich konzentrierte mich wieder auf meine Arbeit und war heilfroh über meine Entscheidung. Trotzdem lief die Beziehung weiter – zwei Jahre lang.

Es wäre müßig und ist fast unmöglich, jede Trennung und jeden Neuanfang im einzelnen zu beschreiben. Irgendwie glichen sie sich auch, nur daß die Trennungsphasen immer länger wurden. Ich erinnere mich an die vielen Stunden und Tage, die ich mit Grübeln über unsere Beziehung verbrachte. Aber auch an die Spannung, die ich spürte und genoß, wenn er wieder in meiner Wohnung stand. Wenn er mich anschaute, in den Arm nahm und mir den Himmel auf Erden versprach. Übriggeblieben ist heute das Gefühl, daß Peter und ich eigentlich kaum Gemeinsamkeiten hatten. Wenn wir nicht über unsere Beziehung redeten, gab es außer Urlaub und Sport wenig Themen, die uns beide interessiert hätten. Und ich bin erleichtert, daß ich den Absprung geschafft habe. Und auch manchmal sehr traurig, denn in dieser Beziehung habe ich den Traum einer leidenschaftlichen, immerwährenden Liebe geträumt. Aber heute weiß ich, daß es nur meine Einbildung war.

Natürlich hätten Peter und ich ganz normal nebeneinanderher leben können. Aber es waren gerade die Trennungen, die unsere Beziehung so aufregend machten. Es ist verrückt – aber hätte mich dieses Chaos nicht gereizt, ich hätte Peter bestimmt nach ein paar Monaten auf immer und ewig adieu gesagt. Peter und unsere Beziehung wären mir einfach zu langweilig geworden.

Um jeden Mann, den ich heute treffe und der nur die geringste Ähnlichkeit mit Peter hat, mache ich einen riesengroßen Bogen.

»Er konnte sich nie wirklich entscheiden«

Eva, 36, PR-Assistentin, 10 Jahre Beziehung mit Klaus, 50, Versicherungsmakler. 20 Trennungen.

Es drehte sich immer um dasselbe Thema. Zehn Jahre lang. Es war wie bei einer Schallplatte, die man zu oft gehört hat, die voller Kratzer ist und die man am liebsten in die hinter-

ste Kellerecke verbannen möchte. Heute ist es mir fast peinlich. Unverständlich. Es fällt mir schwer zu begreifen, warum ich dieses Theater so lange mitgemacht habe.
Mindestens zwanzigmal trennten wir uns. Oder besser gesagt: Klaus trennte sich von mir. Er schaffte es nicht, seine Frau und sein Kind zu verlassen, obwohl er all die Jahre immer wieder von Entscheidung und Scheidung sprach. Aber dieser Schritt überforderte ihn. Er wollte niemandem weh tun, wollte es allen recht machen: mir, seiner Frau und seinem Kind. Aber das war unmöglich.
Bei jeder Trennung beteuerte er, mich zu lieben. Er erklärte mir, daß er mich nicht freiwillig verlasse, sondern nur aus Verantwortungsgefühl seiner Familie gegenüber. Er hielte den Druck, den seine Frau auf ihn ausübe, nicht aus. All ihre Szenen und Vorwürfe. Im Endeffekt verlor er uns alle. Aber als er das bemerkte, war es zu spät. Es ist eine traurige Geschichte, denn Klaus war die Liebe meines Lebens.
Als ich ihn kennenlernte, war ich 26 Jahre alt und wohnte glücklich und zufrieden in einer Vier-Zimmer-Wohnung. Ich arbeitete bei einer renommierten Werbeagentur und war auf dem Weg nach oben. Ich hatte das Gefühl, das Leben warte auf mich. Und ich liebte das Leben, war unbeschwert und immer guter Stimmung. Ich ging viel aus: zum Tanzen, ins Kino oder ins Theater. Und an den Wochenenden stapfte ich mit meinem damaligen Freund durch die Wälder. Er war Jäger aus Leidenschaft.
Mich störte, daß ich bei der Fachsimpelei und dem Jägerlatein nie mithalten konnte. Kurzentschlossen meldete ich mich für einen Kursus an. Ich wollte meinen Jagdschein machen.
Mindestens 120 Leute waren in einem riesigen Universitätshörsaal versammelt. Hier fand der theoretische Unterricht statt. Fast alle Teilnehmer waren Männer. Klaus fiel

mir sofort auf. Er war schlank, groß, sein Gesicht schmal und feingliedrig, und die Schläfen grau. Einfach ein netter Typ. Mein Typ. Ich ergriff sofort die Initiative. Ich war damals schon aufgeschlossen und kontaktfreudig. Zielstrebig steuerte ich auf den freien Platz neben ihm zu und sagte: »Ich bin Eva. Ist der Stuhl noch frei?«

Wir kamen sofort ins Gespräch, und es stellte sich heraus, daß er der Vetter eines Schulfreundes war. Was für ein Glück! »Das ist ja toll, daß wir uns über fünf Ecken kennen«, sagte er und lachte. Ein sympathisches Lachen.

Viel habe ich an diesem Tag nicht vom Unterricht mitbekommen. Wir tuschelten ständig, und ich schaute ihn immer wieder an. Es war ein merkwürdiges Gefühl. Obwohl wir uns erst seit ein paar Minuten kannten, kam er mir vertraut und begehrenswert vor. Ich hatte das Gefühl, dies ist der Anfang einer ganz besonderen Beziehung. Insgeheim hoffte ich, er würde mich nach Kursende noch auf einen Wein einladen. Das tat er auch, und ich strahlte.

Zusammen mit seinem Freund fuhren wir nach Pöseldorf in ein uriges Weinlokal. Wir saßen nebeneinander und unter dem Tisch berührten sich unsere Knie. Ich war in Höchstform und bester Laune. Nach mehreren Schoppen Wein fuhr er mich nach Hause. Zum Abschied küßten wir uns. Der Kuß fiel leidenschaftlicher aus, als ich vermutet hatte. Ich fand diesen Mann äußerst begehrenswert, und das sagte ich ihm auch unmißverständlich. Damals kostete es mich eine ganze Menge Mut, und ich war froh, daß ich ihn aufbrachte. Ich war mir sicher, daß es ihm ebenso erging. Aber er sah mich ganz merkwürdig an, zögerte einen Augenblick und sagte: »Nein. Mit einer Frau, die so toll ist wie du, gehe ich nicht am ersten Abend ins Bett.«

Mein Herz pochte. Ich wußte nicht, ob ich beleidigt sein

oder mich über dieses Kompliment freuen sollte. Auf der einen Seite hatte ich einen Korb bekommen. Das war mir unangenehm, fremd. Denn ich war eigentlich recht hübsch, ich war schlank, hatte lange blonde Haare, eine schmale Taille. Nicht im Traum hätte ich vermutet, ein Mann würde so ein Angebot ausschlagen. Ich fühlte mich verletzt und war beleidigt. Klaus nahm mich liebevoll in den Arm und erklärte mir, so etwas wäre so schön und wertvoll, daß er noch warten wolle. Das war eigentlich ein Kompliment. Aber er erzählte mir auch, daß er verheiratet sei und ein kleines Kind hätte.
Ich war enttäuscht. Ich schämte mich. Und in meinem Kopf drehten sich die Gedanken so schnell wie ein Karussell. Ausgerechnet bei diesem Mann hatte ich versucht, wirklich offen, ehrlich und mutig zu sein. Ich versuchte, mich zusammenzureißen und mich gelassen zu geben. Ich machte ihm klar, daß ich mich nicht gerne mit verheirateten Männern einließe. Ich sprang aus dem Auto, schlug die Tür zu und ging.
Ich war nur noch wütend. Auf mich selbst und dieses ungerechte Schicksal. Ausgerechnet dieser Mann, den ich wirklich interessant fand, mußte verheiratet sein.
Am nächsten Morgen klingelte das Telefon. Es war Klaus. Er fragte, wie es mir ginge, ob ich gut geschlafen hätte und so weiter. Das übliche belanglose Zeug. Trotzdem klopfte mein Herz. Und ich freute mich, als er mich für den Nachmittag auf einen Kaffee einlud. Ganz kameradschaftlich natürlich!
Danach entwickelten sich die Dinge in schnellem Tempo. Ein paar Tage später schliefen wir miteinander.
Wir verbrachten zwei wunderschöne Monate zusammen. Natürlich heimlich. Seine Frau und seine Arbeitskollegen durften von mir nichts wissen. Wir trafen uns in Lokalen,

in meiner Wohnung oder in einem Hotel in einer anderen Stadt. Jeden Tag spürte ich eine Anspannung, die ich vorher nicht kannte. Und ich begann zu glauben, daß diese Liebe doch Zukunft hätte.
Klaus erzählte mir, daß er mit seiner Frau schon lange nicht mehr glücklich sei. Deshalb schob ich das Gefühl beiseite, eine Ehe und Familie zu zerstören. Immer wieder beteuerte er mir: »Meine Ehe ist schon lange am Ende. Ich habe mich nur nie getraut, mich scheiden zu lassen.«
Ich verstand auch sein Verantwortungsgefühl seiner Frau und seinem Kind gegenüber. Zumindest anfangs.
Nach zwei Monaten zog er zu mir in die Wohnung. Ich war überglücklich und schwebte im siebten Himmel.
Aber kurz nachdem er bei mir eingezogen war, verkomplizierte sich unser Verhältnis. Sein schlechtes Gewissen belastete ihn und unsere Beziehung. Er zermarterte sich mit Selbstvorwürfen. Er hielt den Terror seiner Frau, ihre ständigen nächtlichen Anrufe, ihre Vorwürfe nicht aus. Und ich hatte auch keine Kraft und keine Lust mehr, ihn zu trösten. Ich war enttäuscht. Denn ich glaubte, mit seinem Einzug bei mir hätte er seine Entscheidung getroffen. Aber ich irrte mich.
Kurz darauf zog er wieder aus. Er nahm alle seine Sachen mit und auch den schweren Betonwidder, den wir während eines gemeinsamen Kurzurlaubs in Italien gekauft hatten. Der Widder hatte für ihn eine besondere Bedeutung. Er war sein Sternzeichen und das Symbol für seine Anwesenheit und unsere Beziehung. Aber das Monstrum wog bestimmt zwanzig Kilo. Bei jeder Trennung schleppte er ihn zum Haus seiner Ehefrau. Heute finde ich es komisch. Aber damals traf mich diese symbolische Handlung. Immer wieder versicherte er mir, daß ich die Liebe seines Lebens sei. Ich glaubte ihm zunächst. Aber später wurde ich immer

wütender und fragte ihn nur noch: »Warum bist du dann noch verheiratet?«
Wir diskutierten nächtelang. Ich versuchte, ihm klarzumachen: Du kannst es nicht allen recht machen. Aber er ging, sobald seine Frau ihn unter Druck setzte. Und ich blieb allein zurück. Ich war die Verliererin.
Es gibt viele Szenen, an die ich mich erinnere und die mit seiner Frau zu tun hatten, mich aber erheblich belasteten. Seine Frau drohte mit Selbstmord. Und als ihr Vater starb, terrorisierte sie Klaus.
Wir saßen gerade gemütlich auf der schwarzen Ledercouch im Wohnzimmer und planten unseren nächsten Urlaub. Dieses Mal sollte es bestimmt klappen. Denn sonst machte immer ein Schnupfen seines Sohnes oder sonst irgend etwas Idiotisches unsere Pläne zunichte.
Das Feuer im Kamin brannte, und wir fühlten uns glücklich und waren zufrieden. Dann aber klingelte das Telefon. Seine Frau wollte ihn unbedingt sprechen. Ganz dringend und sofort. In mir stieg ein ungutes Gefühl, eine gewisse Vorahnung, hoch. Ich riß mich zusammen. Ich hoffte, daß er heute stark genug sein würde, den Bitten seiner Frau zu widerstehen.
Das Telefonat dauerte zehn Minuten. Sie erschienen mir wie die längsten zehn Minuten meines Lebens. Hektisch trank ich den Rest des Weines aus. Ich wehrte mich auch gegen mein Verlangen, bei diesem Telefonat zuzuhören. Deshalb stellte ich die Musik lauter. Ich wollte ihm vertrauen.
Dann kam er zurück. Bedrückt, mit traurigem Gesichtsausdruck. Er sagte: »Es ist etwas Schreckliches passiert. Der Vater meiner Frau ist gestorben. Ich muß zur Beerdigung.«
Ich schaute ihn an und sagte: »Ja, klar, aber was hat das mit uns zu tun?« Er zögerte und erklärte mir: »Meine Frau hat

mir am Telefon gesagt, daß sie jetzt Vollwaise sei und ohne Mutter und Vater dastehe. Jetzt brauche sie mich. Ich muß zurück. Ich kann sie doch so nicht allein lassen!«
Ich war wie vor den Kopf geschlagen. Schließlich war seine Frau damals 45 Jahre alt und das Argument »Vollwaise« empfand ich nur als lächerlich. Ich redete auf ihn ein. Ich schrie, heulte, tobte. Es half nichts. Wie er da vor mir stand, hatte ich immer das Gefühl, ihn schütteln zu müssen. Ihn zu fragen: Warum tust du mir das an? Er packte seinen Koffer und ging.
Da saß ich nun in meiner Wohnung. Allein und verzweifelt. Ich empfand es als unfair. Warum war immer ich diejenige, die alles verstehen mußte? Warum passierten in dieser Beziehung solche Dramen? Warum entschied er sich nicht endlich für mich? Ich empfand gleichzeitig Wut und Kummer. Ich fühlte mich hilflos, weinte mir die Augen aus dem Kopf, war absolut unglücklich. Und ich war sicher, Klaus käme nie wieder.
Es war recht merkwürdig. Obwohl wir uns so oft trennten, gewöhnte ich mich nie daran. Nie hatte ich das Gefühl, daß Klaus bald wieder vor meiner Tür stehen würde. Jede Trennung empfand ich als absolut und endgültig. Und genauso gewaltig war auch immer der Schmerz, der über mich hereinbrach.
Zwei oder drei Tage nach jeder Trennung telefonierten wir miteinander. Ich rief Klaus an und überschüttete ihn mit Vorwürfen. Oder er wollte wissen, wie es mir ging. Wir schickten per Taxi Briefe hin und her. Einmal bin ich sogar unerwartet in seinem Büro aufgetaucht und habe ihm eine riesige Szene gemacht.
Heute weiß ich, wie idiotisch dies war. Aber ich wurde mit der Situation und meinem Schmerz anders nicht fertig. Ich fühlte mich so gedemütigt, und mein Selbstbewußt-

sein war ganz schön geschrumpft. Überhaupt, im Laufe der Jahre nahm es immer stärker ab. Ich fühlte mich als seine Mondfrau. Ich wurde nach außen versteckt. Mir gegenüber gab es keine Loyalität. Und darunter litt ich sehr. Wir waren nur mit meinen Freunden zusammen, nie mit seinen.

Getuschel konnte er sich beruflich nicht leisten. Dafür hatte er einen zu wichtigen Posten. Einen Ehemann, der offiziell zu seiner Geliebten steht, hätte die Branche nicht akzeptiert. Und zur Scheidung war er zu feige.

Trotzdem gab ich die Hoffnung nicht auf. Unsere Neuanfänge waren aufregend. Mal fand ich in der Post ein Ticket nach Rio oder New York. Mal wartete ein Taxi, das mich zu einem Überraschungsort fuhr. Klaus ließ sich immer etwas Besonderes einfallen. Vielleicht wurde gerade deshalb unsere Beziehung nie langweilig. Auch sexuell ließ in diesen zehn Jahren die Spannung nie nach.

Einmal versprach er mir felsenfest, sich scheiden zu lassen. Das war nach ungefähr fünf Jahren. Die Scheidung war eingereicht, der Gerichtstermin stand fest. Ich weiß noch genau, wie er an diesem Morgen wegfuhr. Ich war glücklich. Ich dachte, jetzt liegt dieses Hin und Her endlich hinter mir. Wir haben es geschafft. Die Ausdauer, der Streit, die Tränen – es hat sich doch noch gelohnt. Jetzt wird er mein Mann sein. Ganz offiziell. Am liebsten hätte ich das Fenster aufgemacht und lauthals jedem mein Glücksgefühl und meine Erleichterung mitgeteilt. Trällernd lief ich durch die Wohnung und hatte schon eine Flasche Champagner kaltgestellt, die wir bei seiner Rückkehr trinken wollten.

Als er die Tür öffnete, genügte ein Blick, und ich merkte, daß etwas nicht in Ordnung war. Mit traurigen braunen Dackelaugen blickte er mich an. Mit leiser Stimme sagte er: »Ich konnte es nicht tun. Kannst du das verstehen?« Ich war

wie versteinert. Das Blut wich aus meinem Gesicht. Ich antwortete: »Sag das noch mal.«
Dann erklärte er mir, daß er dem Scheidungsrichter im allerletzten Augenblick eröffnet habe, daß er die Scheidung doch nicht wolle. Er habe das bedrückte Gesicht seiner Frau gesehen, und plötzlich sei ihm die Scheidung unmöglich geworden. »Und was ist mit mir?« schrie ich. Er zuckte nur die Schultern und versuchte, mich tröstend in den Arm zu nehmen.
Dann folgten Szenen über Szenen. Als Abschiedsgeschenk kaufte er mir eine Eigentumswohnung. Aber was sollte ich damit? Ich wollte ihn und nichts sonst. Er sollte nur mich lieben und zu mir gehören. Er sollte zu unserer Liebe stehen. Endlich. Das war mein sehnlichster Wunsch. Die Wohnung interessierte mich nicht.
Nach ein paar Jahren schmückte er jede Trennung mit einem Abschiedsgeschenk. Einmal war es ein Auto, beim nächsten Mal teurer Schmuck. Mein Gott, ich habe bestimmt ein Kilo von diesem Zeug bei mir daheim in einem Karton. Ich trage es nie, rühre es nie an. Zu viele schlechte Erinnerungen und Tränen sind damit verbunden.
Ich habe ihn einmal gefragt, warum er mir immer etwas zum Abschied schenke. Ich könnte mich nie darüber freuen. Im Gegenteil. Manchmal hätte ich das Gefühl, eine bessere Nutte zu sein. Eine Zweitfrau, die man mit Geschenken trösten wolle. Er schaute mich nur entgeistert an und sagte: »Das größte Geschenk für dich ist doch, wenn ich wieder da bin!« Kein schlechtes Selbstbewußtsein!
Mit der Zeit verlor ich meine Euphorie bei den Neuanfängen. Seine Glaubwürdigkeit schwand mit jeder Trennung. Ich wurde mißtrauisch und war nur noch traurig. Er hatte zuviel zerstört. Später fragte ich mich oft, warum ich diese

dauernden Trennungen so lange akzeptierte. Warum tat ich mir diese Dramen an? Jeder anderen Frau hätte ich ohne zu überlegen geraten: Verlaß diesen Mann. Es hat keinen Sinn. Ich vergeudete so viel Energie! Allerdings hat mich das Erlebte zu dem Menschen gemacht, der ich heute bin: Ich bin stabiler als vorher, selbstbewußt, und ich weiß, daß mir in meinem Leben so etwas nie mehr passieren wird. Trennung auf Probe oder ein bißchen Trennung werde ich nie mehr akzeptieren.
Meine Beziehung zu Klaus hätte ich viel früher beenden sollen. Aber ich wollte unbedingt mit diesem Mann leben. Jeder Preis war mir damals recht. Und nach ein paar Jahren wollte ich nicht, daß dieser Kampf umsonst gewesen war. Gerade, wenn man viel mitgemacht und gelitten hat, wird die Trennung immer schwieriger. Denn man hat soviel investiert. Ich wollte auch nicht das Gefühl haben, versagt zu haben. Vielleicht war es auch eine Art sportlicher Ehrgeiz. Ich wollte nicht aufgeben.
Nach fast zehn Jahren ließ Klaus sich scheiden und zahlte seiner Frau eine riesige Abfindung. Damals wohnte er in einer anderen Stadt als ich. Er flog nach Hamburg, um mir diese erfreuliche Neuigkeit mitzuteilen. Er strahlte mich an und sagte: »Endlich können wir heiraten.« Aber ich fühlte mich wie tot. Meine Gefühle für ihn waren schon lange gestorben. Ich sagte ihm: »Meinetwegen hättest du dich nicht mehr scheiden zu lassen brauchen. Für uns ist es zu spät.«
Ich beendete die Beziehung. Und das Ende war endgültig. Ich litt keine einzige Minute unter meinem Entschluß. Denn gelitten hatte ich während unserer Beziehung genug. Ich hatte zuviel geweint und war zu sehr verletzt worden. Klaus hat meine Entscheidung nie verstanden.

»Es war die schrecklichste Zeit meines Lebens«

Isabelle, 33, Regieassistentin, und Herbert, 38, Aufnahmeleiter. Zwei Jahre Beziehung.

Herbert war hinter mir her. Vielleicht reizte ich ihn deshalb, weil er in mir die starke, unerreichbare Frau sah. Aber das erkannte ich erst viel später. Herbert und ich arbeiteten bei der gleichen Filmgesellschaft. Wir kannten uns ein Jahr, bevor ich mich unsterblich in ihn verliebte.

Wir waren 18 Monate zusammen. Es war die schlimmste Zeit meines Lebens. Ich veränderte mich. Ich fragte mich: Was ist aus mir geworden? Ich war doch früher gutgelaunt und fröhlich. Warum fühle ich mich abhängig? Wo ist mein Selbstwertgefühl geblieben?

Ich lebte seit acht Jahren mit Oskar, einem Jungfilmer, zusammen, als die Affäre begann. Oskar ist gefühlvoll und sensibel. Genau das Gegenteil von Herbert. Wir verstanden uns ohne viele Worte. Ein Blick reichte, und wir wußten, was der andere dachte und fühlte. Aber wir hatten auch ein gewaltiges Problem: Oskar übte keinen körperlichen Reiz mehr auf mich aus, und das seit zwei Jahren schon.

Oskar drehte einen Film in Berlin. Ich war allein in unserer Hamburger Altbauwohnung. Es war acht Uhr abends, als Herbert klingelte. Das war nicht ungewöhnlich. Herbert und Oskar hatten sich angefreundet, und wir unternahmen viel zu dritt.

Ich freute mich über Herberts Besuch. Mir fiel ein, daß er um Mitternacht Geburtstag hatte. Ich organisierte eine Flasche Champus. Mit einem dicken Bussi und knallendem Sektkorken überraschte ich ihn.

Bis zu dieser Nacht fand ich Herbert nur lieb. Er war fast

wie ein großer Bruder für mich. Aber das änderte sich. Wenn auch zuerst nur unter Alkoholgenuß. Nach dem Champus tranken wir noch zwei Flaschen Wein und ein paar Gläser Wodka. Ich war betrunken, als Herbert zärtlich wurde.

Ich fand es wunderbar. Vielleicht war es der Reiz des Verbotenen. Des Neuen. Und ich sehnte mich nach Bestätigung und Sex. Mein unerfülltes Liebesleben mit Oskar spielte dabei sicher eine große Rolle.

Auf der anderen Seite war ich über mein eigenes Verhalten schockiert. Denn ich hatte mir geschworen, nie etwas mit einem Kollegen anzufangen. Ich hatte Angst vor Klatsch. In der Branche ist es nicht ungewöhnlich, daß jeder mit jedem ein Verhältnis hat. Ich wollte damit nichts zu tun haben.

Herbert schlief in dieser Nacht auf dem Sofa und ich in meinem Bett. Als ich am nächsten Morgen aufwachte, hatte Herbert schon seine Siebensachen gepackt und war verschwunden. Ich war völlig durcheinander, hatte Magenschmerzen und mir war übel. Auf dem Weg zur Arbeit stellte ich mir ständig die gleichen Fragen: Kann ich ihm in die Augen schauen? Wie wird Herbert reagieren? Lässig oder unsicher?

Als ich ins Büro kam, blätterte Herbert scheinbar unbeteiligt in einer Illustrierten. Aber seine Hände zitterten. Ich überspielte meine eigene Unsicherheit mit irgendeinem lässigen Satz. Er schaute mich nur an. Schweigend. Ich sah zehntausend leuchtende Sternchen in seinen Augen. Da war es um mich geschehen.

Oskar arbeitete noch einen Monat in Berlin. Das machte die Situation auf den ersten Blick einfacher. Ich beschloß, ihm nicht zu erzählen, daß ich in Herbert verliebt sei, obwohl wir uns normalerweise nichts verheimlichten. Aber ich wußte, er würde dann seinen Job hinschmeißen und zu-

rück nach Hamburg kommen. Das wollte ich nicht. Vielleicht habe ich es mir damals zu leicht gemacht!
Mit Herbert traf ich mich heimlich. Niemand durfte von unserem Verhältnis erfahren. In meiner Wohnung wollte ich nicht mit ihm schlafen. Denn das fand ich Oskar gegenüber unfair. Wir gaben viel Geld für Hotels und Kurzreisen aus, um unsere Liebe zu genießen.
Herbert hatte eine Freundin in einer anderen Stadt. Nichts Ernstes. Ich hatte das Gefühl, daß mit Herbert irgend etwas nicht stimmte. Es erschien mir merkwürdig, daß er nur Freundschaften auf Distanz führte. Aber ich hörte nicht auf meine innere Stimme und verdrängte alle Zweifel. Ich war verliebt und wollte mein Gefühl genießen.
Es war wie ein Abenteuer. Ich spürte, daß Herbert mich begehrte, und dieses Gefühl erregte mich.
Er machte ständig Pläne und kam auf wundervolle Ideen. Ich hatte das Gefühl, der Mann ist für mich da. Er ist mein Beschützer. Und optisch stimmte dieser Eindruck auch.
Mit ihm zusammen fühlte ich mich als Prinzessin. Er gestand mir, daß er schon seit Monaten in mich verliebt sei und die Freundschaft mit Oskar nur gesucht hätte, um mir näher zu sein. Ich fühlte mich geschmeichelt.
Ich trennte mich von Oskar, warf für Herbert acht Jahre Beziehung weg. Ich hatte das Gefühl, in ihm die Liebe meines Lebens gefunden zu haben. Herbert und ich suchten uns eine gemeinsame Wohnung. Ich hatte mich mit Oskar geeinigt, daß ich bis dahin noch in unserer Wohnung bleiben könnte.
Unser erster Urlaub führte Herbert und mich nach Mallorca. Wir mieteten ein Auto und fuhren über die ganze Insel. Ich stellte fest, daß die Insel abseits vom Touristenstrom traumhaft und romantisch ist. Aber ich fühlte mich allein.

Herbert und ich waren wie Feuer und Eis. So verschieden. Er konnte nichts genießen. Dauernd mußte er etwas unternehmen. Wenn ich die Aussicht genoß und den Sonnenuntergang anschauen wollte, drängte er zum Aufbruch. Dabei hätte ich diese Momente eine Ewigkeit genießen können. Herberts Drängen enttäuschte mich.
Ich vermißte die ruhigen, besinnlichen Stunden, die ich mit Oskar im Urlaub geteilt hatte. Meine Art zu genießen war Herbert fremd. Ich machte es mir zur Aufgabe, ihm die Welt der Gefühle, der Naturerlebnisse und die Schönheit der Landschaft zu erschließen. Ein sinnloses Unterfangen, wie sich später herausstellte.
Bei einem Abstecher nach Ibiza trennte ich mich das erste Mal von ihm. Es regnete, und ich dachte nur an Oskar. Ich merkte, wie viele Gemeinsamkeiten wir in diesen acht Jahren aufgebaut hatten. Ich trauerte den Urlauben nach. Auf einmal wurde mir klar: Mit Herbert verband mich nichts als eine stürmische Liebesaffäre.
Schweigend saßen wir auf dem Rückflug nebeneinander. Herbert verstand mich nicht. Für ihn war alles so gewesen, wie er es wünschte.
Ich ging zu Oskar zurück, und wir schliefen seit zwei Jahren zum ersten Mal wieder miteinander. Es war schön. Aber das Prickeln, die Aufregung fehlte.
Ich versuchte, Herbert aus dem Weg zu gehen. Aber er kämpfte weiter um mich. Und er hatte Erfolg dabei.
Nach drei Monaten zogen wir in unsere gemeinsame Wohnung. Die erste Zeit war noch schön. Wir unternahmen viel und schliefen oft miteinander. Aber trotzdem fühlte ich mich irgendwie unglücklich. Ich spürte seine Gefühlskälte und daß er nicht mit Zärtlichkeit, Hingabe und Wärme lieben konnte.
Von Woche zu Woche wurde er weniger aufmerksam. Er

gab sich keinerlei Mühe, mich zu verstehen. Nie nahm er mich einfach nur lieb in den Arm. Zärtlichkeiten und Gefühle zeigte er nicht mehr. Ich entschuldigte viel mit seiner Kindheit. Seine Mutter war eine kalte, berechnende und dominante Frau. Deswegen verzieh ich ihm. Ich wollte ihm helfen. Ihm zeigen, wie man liebt und was Liebe bedeutet. Aber ich erreichte das Gegenteil.

Wir hatten ständig Streit. Nächtelang diskutierte ich mit ihm. Aber die Gespräche waren erfolglos.

Das Verrückte ist: Je mehr ich mich um ihn und unsere Beziehung bemühte, desto schlechter wurde sie. Ich trennte mich bestimmt sechzigmal von ihm. Ganz spontan packte ich dann meine Reisetasche und zog wieder zu Oskar oder einer Freundin. Diese Trennungen dauerten nie länger als einen Tag. Dann kehrte ich reumütig zurück. Ich redete mir ein: Du darfst nicht aufgeben, du wirst es schaffen. Ich steigerte mich immer stärker in diese Beziehung hinein.

Bei einem Urlaub in Las Vegas fragte ich ihn, ob wir nicht heiraten sollten. Er geriet in wilde Panik und betrank sich. Ich war tief enttäuscht.

Ich liebte Herbert trotz seines lieblosen Verhaltens. Ich kämpfte um unser Glück. Ich wollte ihn heiraten und Kinder haben. Mein Wunsch wurde so stark, daß zweimal meine Periode ausblieb. Bei meiner ersten »eingebildeten Schwangerschaft« reagierte er verunsichert. Beim zweiten Mal meinte er nur: »Laß es abtreiben.«

Ich veränderte mich. Zuerst langsam, dann für jeden erkennbar. Ich hatte alle Lebensfreude verloren. Mein Spaß an meiner Arbeit war weg. Ich hatte keine Kraft mehr. Meine Gedanken kreisten nur noch um Herbert. Daß ich dabei vor die Hunde ging, war mir gleichgültig. Ich habe noch nie so viele Tränen geweint wie in dieser Zeit. Manchmal ging ich eine Woche lang nicht aus dem Haus.

Als er für eine Urlaubswoche zu seinen Eltern nach Frankfurt fuhr, schmuggelte ich ihm einen Abschiedsbrief in den Koffer. Ich wartete auf eine Reaktion von ihm. Drei Tage lang! Dann rief ich ihn an. Drei Stunden stritten wir. Danach packte ich meine Koffer und zog zu Oskar. Der war glücklicherweise immer da, wenn ich Hilfe brauchte.
Ich hoffte, Herbert würde zur Besinnung kommen. Spätestens, wenn er in der leeren Wohnung stehen würde, würde er ausflippen. Ich war mir sicher, daß er dann wieder um mich kämpfen würde, daß ihm bewußt würde, wie wichtig ich für ihn war. Von wegen! Ich hörte nichts von ihm.
Eine Woche später, an meinem Geburtstag, überbrachte mir eine Freundin ein Geschenk und einen Brief von ihm. Herbert wollte sich mit mir zum Geburtstagsessen treffen. Ich ging nicht hin. Ich war enttäuscht, daß er sich nicht vorher bei mir gemeldet hatte. Das Geschenk schickte ich unausgepackt zurück.
Aber ich wollte ihn zurückhaben. So, wie er anfangs war: zärtlich, um mich bemüht, stark. Ich verstand nicht, warum er sich so verändert hatte.
Ein paar Tage nach meinem Geburtstag rief ich ihn an. Als er mir zwei Stunden später mit 30 roten Rosen und Dackelblick gegenüberstand, schmolz ich dahin und meine guten Vorsätze ebenso. Es folgten dramatische Versöhnungsszenen und Beteuerungen.
Ich holte meine Möbel und zog wieder in unsere Wohnung ein. Aber es ging nicht lange gut. Kaum ein Tag verging ohne Streit. Herbert wurde immer kühler und teilnahmsloser. Wenn ich weinte, schaute er desinteressiert in den Fernseher. Wollte ich mit ihm reden, sagte er mir, daß es ihn nicht interessiere. Im Bett drehte er sich um und schlief auf der Stelle ein. Er nahm mich nicht in den Arm.
Ich bekam Nervenzusammenbrüche. Weinkrämpfe. Aber

er reagierte nicht. Er hinderte mich auch nicht daran, mit dem Auto wegzufahren, wenn ich getrunken hatte.
Um mich zu erholen, fuhr ich mit Freunden für drei Wochen auf die Malediven. Herbert störte das nicht. Auch nicht meine Mitteilung, daß noch ein anderer Mann mitführe. Ich wollte ihn eifersüchtig machen. Es war ihm egal. Als er mich zum Flugzeug brachte, sagte ich ihm, daß ich mich endgültig trennen wolle. Er war fassungslos und wurde schneeweiß im Gesicht. Aber er sagte nichts.
In diesen drei Wochen wollte ich Abstand gewinnen. Ich hatte verschiedene Trennungs- und Lebenshilfebücher eingepackt. Ich fand auch einen Brief von ihm. Ganz lieb geschrieben. Das versöhnte mich wieder mit allem, gab mir neue Hoffnung. Ich wollte mit neuer Kraft für unsere Beziehung aus diesem Urlaub zurückkommen.
Voller Optimismus stieg ich nach den drei Wochen aus dem Flieger. Aber kein Herbert stand da und wartete mit Blumen auf mich. Ich fuhr in unsere Wohnung. Herbert war da. Sein Gesicht war ausdruckslos. Keine Umarmung. Kein »schön, daß du wieder da bist«.
Ich bekam Angst. Er teilte mir mit, daß er sich wieder verliebt habe, in eine andere.
Mit allen Mitteln versuchte ich, ihn zurückzugewinnen. Mit Eifersucht. Mit Sachlichkeit. Eines Abends schrie er mich an: »Es ist aus, verschwinde endlich hier.«
Da wachte ich auf. Ich konnte diese Erniedrigung nicht mehr ertragen. Ich suchte mir eine eigene Wohnung und zog aus. Von Herbert habe ich nie mehr etwas gehört.
Ich gehe jetzt zu einer Therapeutin. Ich möchte verstehen, warum ich mich dermaßen habe erniedrigen lassen. Es war die schlimmste und schmerzlichste Erfahrung meines Lebens.

Die Seelensadisten

Sie triumphieren, trennen sich,
aber sie sind doch schwach.
Denn auch sie erliegen wieder
dem Reiz der Beziehung.

»Jeder Neuanfang war ein Liebesbeweis«

Marion, 36, Handelsvertreterin. 19 Jahre Beziehung. Zwei Ehen mit Klaus, 38, Handelsvertreter.

Herzklopfen. Ein unbeschreibliches Hochgefühl. Wie auf Wolken, wie in einer anderen Welt. Der Puls schlägt schnell. Die Haut prickelt. Es ist wie Geburtstag und Silvester an einem Tag. Wenn ich mich so fühle, dann habe ich mich wieder in Klaus verliebt. Mal lieben wir uns. Mal trennen wir uns. Es ist wie eine Sucht. Ich bin nicht glücklich darüber, aber ich kann es nicht ändern.
Lange Zeit dachte ich, ich wäre die einzige Verrückte mit einer so sonderbaren Beziehung. Ich zweifelte an meinem Verstand. Meine Freunde ebenfalls.
Ernst nehmen sie mich schon lange nicht mehr. Wenn ich eine Freundin anrufe, um ausführlich von meiner Trennung zu erzählen und ihr zu sagen, wie verzweifelt ich deswegen bin, höre ich bestenfalls den Satz: »Was regst du dich auf, bald seid ihr ja doch wieder zusammen.« Keine Anteilnahme. Kein Mitleid. Kein Interesse. Aber ich verstehe es. Schließlich habe ich mich achtmal von Klaus getrennt und zweimal mit ihm vor dem Traualtar gestanden. Kein Wunder, daß niemand mehr etwas über unsere »Beziehungskiste« hören will.

Aber ich habe jedesmal alle Stufen der Trennung aufs neue durchlitten: den Abschiedsschmerz, die Trauer. Und ich genoß die Phase, mein Leben ohne Klaus wieder neu einzurichten – ich hatte andere Freunde, eine neue Wohnung, hier und da einen aufregenden Flirt. Trotzdem quält mich heftige Eifersucht, wenn ich Klaus Arm in Arm mit einer anderen Frau sehe.

In dieser Phase stecke ich gerade wieder. Eigentlich wollten wir uns das zweite Mal scheiden lassen. Oder besser gesagt, ich hielt es für eine gute Idee. Aber jetzt bin ich mir nicht mehr sicher. Klaus fehlt mir, und ich gehe fast zugrunde vor Eifersucht. Vor vier Wochen traf ich ihn in einem Lokal. Er saß dort engumschlungen mit einer anderen Frau und nickte mir zur Begrüßung nur einmal kurz zu. Seitdem bin ich völlig durcheinander. Ich bin ihm sogar mit dem Auto meiner Freundin nachgefahren. Ich wollte wissen, ob diese Frau die Nacht bei ihm verbringt. Ich wartete bis sechs Uhr morgens im Auto vor seiner Wohnung. Eiskalt war es. Ich fror, schaffte es aber nicht, nach Hause zu fahren. Ich bin ganz schön verrückt! Alle Bücher, die es zum Thema Liebe, Trennung, Partnerschaft gibt, stehen bei mir daheim im Regal. Warum ich unfähig bin, eine normale Ehe mit Klaus zu führen oder mich wenigstens auf immer und ewig zu trennen und damit klare Verhältnisse zu schaffen, ist mir ein Rätsel. Ständig bin ich auf der Suche nach einer Antwort.

Als ich Klaus kennenlernte, war ich 17 Jahre alt. Ein verwöhntes Ding. Mein Vater behandelte mich wie eine kleine Prinzessin. Alles, was ich mir wünschte, bekam ich. Klamotten, Geld und jede Menge Selbstbestätigung. Ich komme aus einer bürgerlichen Familie: Mein Vater war leitender Angestellter, meine Mutter Hausfrau. Da ich ihr einziges Kind war, lasen sie mir jeden Wunsch von den Augen ab.

Als ich Klaus begegnete wußte ich – den will ich oder keinen. Er war so etwas wie ein Traummann für mich. Er lehnte lässig an einem Flippergerät und sah aufregend aus: schmale Hüften, groß, dunkle Haare und braune Augen. Er hatte einen leicht trotzigen Gesichtsausdruck. Es war Liebe auf den ersten Blick.
Klaus schaute verwundert, als ich ihn ansprach und fragte, ob er mit mir tanzen würde. Ich trug einen wahnsinnig kurzen Minirock. Mein schulterlanges Haar trug ich offen. Sie spielten gerade einen Song von den Beatles. Damals war es nicht üblich, daß ein Mädchen einen Mann aufforderte. Wir verbrachten den Abend zusammen, aßen Pizza, lachten viel und zogen durch sämtliche Kneipen und Bars. So, als würden wir uns schon eine Ewigkeit kennen. Vertraut. Unbeschwert. Am zweiten Tag sagte Klaus zu mir: »Laß uns heiraten.« Komischerweise war ich nicht überrascht. Für mich war klar, daß wir zusammengehören. Sechs Monate später heirateten wir wirklich. Mit allem Pomp: mit weißem Kleid, Kutsche, Blumenkindern. Trotzdem war die Stimmung nicht gerade euphorisch. Meine Eltern konnten Klaus nicht leiden und waren mit der Heirat nur einverstanden, weil ich im dritten Monat schwanger war. Ich glaube, ich hatte dies geahnt und war deshalb schwanger geworden. Damals konnte man ohne das Einverständnis der Eltern erst mit 21 Jahren heiraten. So lange wollte ich aber nicht warten.
Ungefähr nach einem Jahr trennten wir uns bereits. Pascal war noch ein Winzling. Aber auch vorher bin ich, wenn es Probleme gab, immer gleich zu meinen Eltern gefahren. Die gaben mir stets recht und trösteten mich. Krach mit Klaus gab es meistens wegen Geld. Ich konnte und wollte nicht sparen. Mein Vater meinte immer, Klaus sei nicht der richtige Mann für mich: er sei zu wenig erfolgreich, nicht

strebsam genug. Ein Mann, der mir im Leben nie wirklich was bieten würde.
Mein Alltag erschien mir langweilig. Es ging mir entsetzlich auf die Nerven, ständig mit dem schreienden Kind in der engen Zwei-Zimmer-Wohnung zu sitzen und für Klaus zu kochen. Das konnte doch nicht alles sein! Mir fehlte das lustige, abwechslungsreiche Leben von früher. Seitdem wir verheiratet waren, hockten wir meistens in der Wohnung.
Nach einem riesengroßen Krach packte ich meine Koffer, nahm Pascal auf den Arm und ging. Ich fühlte mich souverän und großartig. Ich war fest entschlossen, jetzt mein eigenes Leben zu leben, unabhängig und frei. Ich wollte mir selbst beweisen, daß ich dazu in der Lage wäre. Ich mietete mir in Düsseldorf ein eigenes Appartement und suchte mir einen Job als Kellnerin in einer Kneipe. Ab und zu putzte ich auch die Wohnungen fremder Leute. Aber es störte mich nicht. Eine richtige Arbeit wollte ich nicht. Pascal sollte nicht von einer Fremden erzogen werden.
Ich lebte richtig auf. Meine Eltern gaben mir Geld, um neue Möbel für mein Ein-Zimmer-Appartement zu kaufen. Denn ich wollte nichts aus meinem alten Leben mit Klaus mitnehmen. Es sollte alles anders sein. Ohne Erinnerungen – ein Neuanfang.
Nach der Arbeit ging ich mit Pascal spazieren oder auf den Spielplatz. Abends tobte ich mich aus. Ich amüsierte mich in Diskos, traf mich mit Freunden zum Abendessen oder auf eine Flasche Wein in meiner Wohnung. Es war eine schöne Zeit. Und ich schlief auch mit anderen Männern. Klaus war mein erster Mann gewesen, und ich glaubte, vieles verpaßt zu haben.
In meinem Innern spürte ich eine riesengroße Wut – keinen Trennungsschmerz. Ich erzählte jedem, was ich mir alles von Klaus hatte bieten lassen und wie froh ich wäre, den

Absprung vom Hausfrauendasein geschafft zu haben. Trotzdem spukte immer das Bild der heilen Familie in meinem Kopf herum.
Zwei Jahre später wurden Klaus und ich geschieden. An den Tag kann ich mich nicht einmal mehr erinnern. Nur, daß das Wetter miserabel war und die ganze Zeremonie in einer halben Stunde vorbei war.
Ich blieb mit Klaus in Verbindung. Wann immer er wollte, durfte er Pascal besuchen oder ihn fürs Wochenende mitnehmen. Es machte mir wenig aus, ihn zu sehen. Ich empfand Genugtuung darüber, daß es mir gelang, ohne ihn klarzukommen.
Klaus litt sehr unter der Trennung. Seine Anrufe gingen mir auf die Nerven. Seine Bitten, es doch noch mal zusammen zu versuchen, lehnte ich schroff ab. Dieses Kapitel meines Lebens erschien mir abgeschlossen.
Kurz nach unserer Scheidung erzählten mir Freunde, Klaus sei jetzt mit einer anderen Frau zusammen. Diese Mitteilung traf mich und schmerzte. Niemand verstand, warum ich auf einmal verrückt spielte und heulte. Ich glaube, bis dahin hatte ich immer das Gefühl, Klaus liebe mich nach wie vor. Ich sei die einzige Frau, die er wolle.
Daß dies offenbar nicht so war, traf mich hart. Erst jetzt litt ich unter unserer Trennung und Scheidung. Ich setzte alles in Bewegung, um die neue Beziehung von Klaus zu zerstören. Er sollte mich wieder lieben und begehren.
Zuerst nahm ich einen Job als Handelsvertreterin in der gleichen Firma an, für die auch Klaus arbeitete. Klar, daß wir uns ständig über den Weg liefen. Jeden Morgen stand ich extra eine Stunde früher auf, um mich toll herzurichten: mit kurzem Mini-Kleid und dezentem Make-up. Schon witzig, dabei bin ich eine Langschläferin und stehe sonst immer in der wirklich allerletzten Minute auf.

Wir verbrachten wieder mehr Zeit zusammen. Wir gingen gemeinsam essen, spazieren. Wir verhielten uns wie eine normale Familie: nur Klaus, ich und unser kleiner Pascal. Ich wußte, daß diese andere Frau da nicht viel entgegenzusetzen hatte. Die Mutter seines Sohnes – das war ich. Und ich sagte Klaus, es wäre für Pascal wichtig, Zeit mit beiden Eltern zu verbringen. Dagegen hatte er kein Argument.
Ständig rief ich jetzt bei Klaus an. Wenn Pascal Schnupfen hatte, wenn er schrie, wenn er ein neues Wort sagen konnte. Das ruinierte seine neue Beziehung systematisch.
Die Wochenenden gehörten wieder uns. Wir unternahmen lauter schöne Dinge. Wir machten beispielsweise einen Ausflug an die Nordsee. Hand in Hand wanderten wir den Strand entlang. Lausig kalt war es. Aber wir lachten und waren glücklich.
Nächtelang tanzten wir engumschlungen in Diskotheken. Wir strahlten uns an und genossen es, einander im Arm zu halten. Es war eine traumhaft schöne Zeit.
Während unserer Beziehung war Klaus eher ein häuslicher Typ, der ganz zufrieden war, wenn er seinen Feierabend vor dem Fernseher verbringen konnte. Diese passiven Abende gingen mir früher tödlich auf die Nerven. Aber jetzt war Klaus wie ausgewechselt: witzig, kompromißbereit und unternehmungslustig. So, wie ich ihn mir immer gewünscht hatte. Aber wahrscheinlich war ich auch eine andere während dieser Zeit. Viel zufriedener und ausgeglichener. Ich beschwerte mich nicht ständig und wußte nicht immer alles besser.
Unsere erste gemeinsame Nacht nach der Scheidung werde ich nie vergessen. Ich war so aufgeregt, konnte es kaum erwarten, bis er mich in den Armen hielt. Und trotzdem fühlte ich mich schüchtern. So, als würde ich das erste Mal in meinem Leben mit einem Mann schlafen. Sein Körper

kam mir irgendwie neu und doch so vertraut vor. Jede Berührung löste in mir ein Feuerwerk aus.

Ein Jahr später standen wir das zweite Mal vor dem Traualtar. Wieder in Weiß. Wieder mit Kutsche und Blumenkindern. Ich war mir hundertprozentig sicher: Jetzt ist es für ein ganzes Leben.

Nach unserer zweiten Hochzeit genossen wir das behagliche Eheleben mit Fernsehschauen, Ruhe, Grillen im Garten. Es war eine entspannte und gemütliche Zeit. Wir hatten ein Haus am Stadtrand von Duisburg gemietet. Es sollte ein richtiger Neuanfang werden.

Ich verzichtete auf meine alten Freunde, er auf seine. Nichts sollte zwischen uns stehen. Nichts sollte an die Zeit erinnern, in der wir uns als Singles durchs Leben bewegt hatten. Ich war eifersüchtig auf die Stunden, die er ohne mich verbracht hatte. Ständig suchte ich nach Anzeichen, mit welcher Frau ihn mehr als eine lockere Freundschaft verbunden hatte.

Nach vier Jahren begannen die Schwierigkeiten von neuem. Hauptgrund war, daß Klaus und Pascal ständig stritten! Wegen schlechter Noten in der Schule, weil Pascal sein Zimmer nicht richtig aufräumte, wegen seiner langen Haare. Ich arbeitete ganztags und war sehr angestrengt. Ich wollte meine Ruhe haben, wenn ich nach Hause kam, und nicht ständig die beiden streiten hören. Erneut lebten wir im alten Trott.

Den Entschluß, wieder in getrennten Wohnungen zu leben, trafen wir gemeinsam. Es schien uns besser so. Unsere Beziehung war zu eingefahren.

Das ist drei Jahre her. Aber inzwischen habe ich meine Meinung geändert. Ich möchte keine zweite Scheidung, sondern ein völlig normales Eheleben.

Ich verstehe unsere Situation oft nicht. Wir sind wie zwei

Pole, die sich anziehen. Verstandesmäßig sage ich mir: Das kann nichts werden. Aber meine Gefühle sagen mir: Ich will. Ich glaube, es ist ein Liebesbeweis, wenn man nach einer Trennung neu zueinander findet. Vielleicht schafft gerade dieses ständige Hin und Her Gemeinsamkeit.
Kein anderer Mann kommt gegen Klaus an. Ich habe während unserer Trennungszeiten viele Männer kennengelernt. Aber in diesen Beziehungen fehlte mir etwas. Die Spannung? Die Aufregung? Ich weiß es nicht!
Mit einer eintönigen Ehe möchte ich nicht tauschen. Es gibt so viele Leute, die wegen ihrer Möbel, ihrer Kinder oder aus finanziellen Gründen zusammenbleiben. Ich trennte mich jedesmal, wenn ich es als richtig empfand. Eine Trennung ist für mich etwas Aktives und Positives. Für mich hat sie nicht den Schrecken, den man ihr normalerweise zuordnet. Trotzdem ist bei unseren Trennungen immer ein Besitzanspruch auf den anderen geblieben. Und manchmal habe ich das Gefühl, daß wir uns nie wirklich getrennt haben. Ich weiß, keine Frau kann mir Klaus so schnell wegnehmen. Klaus und ich waren uns immer einig: »Egal, was passiert, auf jeden Fall wollen wir später mal in einem Gemeinschaftsgrab beerdigt werden. Ganz gleich, ob wir dann verheiratet sind oder nicht.«
Gestern haben wir uns auf dem Weg zum Anwalt getroffen. Eigentlich wollten wir über unsere Scheidung reden, aber wir beschlossen, den Antrag zurückzuziehen. Wir lieben uns nach wie vor. Unsere Gefühle sind stärker als jegliche Vernunft. Aber wir haben uns vorgenommen, bei diesem Neuanfang vorsichtiger miteinander umzugehen. Irgendwann wird diese ewige Trennerei ermüdend. Wir haben keine Lust mehr dazu. Jetzt wollen wir versuchen, eine ganz normale Ehe zu führen.

»Ich litt unter jeder Trennung entsetzlich«

Klaus, 34, selbständiger Versicherungsmakler. Sechs Jahre Beziehung.

Meine Scheidung war gerade zwei Monate her, und ich verbrachte die Nächte in Bars und Discos. In einer Zeitung las ich eine Anzeige von einem Single-Club. Ich dachte: »Da geh ich einfach mal hin. Mal schauen, was abläuft.«
Die Treffen fanden im Nebenzimmer einer Kneipe statt. Es ist ein komisches Gefühl, zu so einer Veranstaltung zu gehen. Ich bildete mir ein, beobachtet und fixiert zu werden. Ich konnte förmlich die Gedanken der anderen lesen: »Aha, der ist auch unfähig, auf normalem Weg Kontakt zu finden. Noch so ein armes Würstchen.«
Ungefähr zwanzig bis dreißig Leute waren versammelt. Von hübsch bis häßlich. Von jung bis alt. Carla saß mir gegenüber und unterhielt sich mit ihrem Tischnachbarn. So eine Frau in einem Single-Club? Sie sah hervorragend aus, hatte lange blonde Haare, eine gute Figur. Aber ich schaffte es nicht, sie anzusprechen. So blöd das auch klingt – ich traute mich nicht. Normalerweise halte ich mich von solchen Superfrauen, denen man das Selbstbewußtsein an der Nasenspitze ansieht, lieber fern, denn ich habe Angst, mir einen Korb zu holen.
Am nächsten Tag rief ich unzählige Leute an, um ihren Namen und ihre Telefonnummer herauszufinden. Es gelang mir schließlich.
Meine Telefonnummeraktion und mein Engagement hatten sie beeindruckt. Wir trafen uns in einem Café. Es war an einem Mittwoch, es regnete in Strömen, kein besonders freundliches Wetter also. Sie war schon da, als ich kam. Ich war verlegen und hatte Mühe, einen ordentlichen

Satz über die Lippen zu bringen. Sie lächelte nur. Ein schönes, faszinierendes Lächeln. Schließlich war das Eis gebrochen, und wir redeten über Gott und die Welt. Nach vier Stunden war ich mir schlüssig, daß ich diese Frau heiraten wollte.

Carla ist zwanzig Jahre älter als ich. Auch sie ist geschieden. Sie arbeitete damals sehr erfolgreich als Einkäuferin für ein Modehaus. Nie merkte man ihr nur die kleinste Unsicherheit an. Das beeindruckte mich. Solche Frauen kannte ich nicht. Sie verkörperte das genaue Gegenteil meiner Exfrau, die eigentlich nichts tat, als zu Hause zu hocken, und überdies zuviel trank.

Drei Wochen nach unserer ersten Verabredung verbrachten wir unsere erste Nacht miteinander. Es war Gründonnerstag. Noch nie hatte ich einen so wahnsinnigen, wunderbaren Sex erlebt. Die Ostertage vergnügten wir uns im Bett. Wenn wir Hunger hatten, ließen wir uns eine Pizza bringen. Wein war genügend in meinem Kühlschrank.

Das erste Jahr lebte ich wie in Wolkenkuckucksheim. Jede Nacht verbrachten wir zusammen in meiner Wohnung. Sie liebte ebenso wie ich klassische Musik. Manchmal schwiegen wir stundenlang und hörten nur den Klängen zu. Dann wiederum diskutierten wir bis zum Morgengrauen oder liebten uns fast bis zur Bewußtlosigkeit. Es war das schönste Jahr meines Lebens.

Als ich meine Anstellung verlor, kriselte es zwischen uns. Ich wurde unzufrieden, bekam finanzielle Probleme, hatte Angst vor der Zukunft. Sie dagegen empfand ich als stark und souverän. Vielleicht ärgerte es mich? Vielleicht ertrug ich nicht, daß sie ihr Leben besser im Griff hatte als ich? Ich wurde empfindlich, sensibel und unausstehlich.

Ihre Eifersucht ging mir immer mehr auf die Nerven. Wenn ich ihr sagte, daß ich sie liebe, brachte sie immer gleich ihr

Alter als Gegenargument vor. Daß es mit uns nicht gutgehen würde, daß ich mich irgendwann in eine Jüngere verlieben würde. So ein Unsinn!
Wir flogen zusammen nach Fuerteventura, um unsere Probleme zu vergessen. Aber wir erreichten nur das Gegenteil. Es wurde noch schlimmer. Jede junge Frau mit einer hübschen Figur gab Anlaß zum Streit. Zum Schluß traute ich mich kaum noch, irgendwo hinzuschauen. Ich lief richtig gehemmt durch die Gegend, um ja nichts falsch zu machen. Das war ein unerträgliches Gefühl. Vor allem hockten wir in diesem elenden Hotelzimmer immer so eng aufeinander. Die Spannung stieg ins Unerträgliche. Wir waren froh, als der Flieger wieder Richtung Heimat startete.
Carlas ewiges Mißtrauen quälte mich. Ich wollte mich trennen. Das sagte ich ihr eine Woche nach diesem mißglückten Urlaub. Schon komisch, dabei liebte ich sie. Aber es wurde mir zuviel. Ich fühlte mich eingesperrt und unfrei.
Ihre Reaktion auf meine Botschaft? Typisch Carla! Sie drehte sich wortlos um und verließ meine Wohnung.
Das war das Ende. Damit hatte ich nicht gerechnet. Ich glaubte, sie würde mich überzeugen. Vielleicht hatten wir ja doch noch Chancen? Aber sie schwieg. Manchmal fragte ich mich, ob sie wußte, daß ich wieder zu ihr zurückkommen würde.
Sechs Wochen dauerte die Trennung. Wenn es die Hölle auf Erden gibt, dann erlebte ich sie in dieser Zeit. Klar, ich war selber daran schuld. Ich hatte es so gewollt. Aber als sie wirklich wegging, hätte ich gerne alles wieder rückgängig gemacht.
Am nächsten Morgen hoffte ich, es wäre nur ein böser Traum. Aber sie lag nicht neben mir, blinzelte mich nicht verschlafen an. Kein Gutenmorgenkuß. Keine Umarmung.

Jeden Tag schrieb ich ihr seitenlange Briefe und bombardierte sie mit Anrufen. Ich glaube, zum Schluß rief ich alle 15 Minuten an, bis sie schließlich das Telefon aushängte. Ich hockte in meiner Wohnung und heulte. Sie fehlte mir. Ich fühlte mich leer, allein, nutzlos.
Gesundheitlich hätte ich die Trennung sicher nicht länger ausgehalten. Hundert Zigaretten rauchte ich jeden Tag und trank zwanzig Becher schwarzen Kaffee. Ich war erleichtert, als sie endlich einwilligte, mich auf neutralem Boden zu treffen.
Stunden vorher war ich schon aufgeregt. Mindestens zehnmal zog ich mich um. Ich hatte Herzklopfen. Schweißnasse Hände. Ich fühlte mich wie ein Wrack. Und immer wieder überlegte ich, was ich ihr sagen sollte. Ich wollte alle Verletzungen ungeschehen machen. Wie konnte ich sie überzeugen, mich wieder zu lieben? Mir zu verzeihen? Ich schrieb alle Argumente auf Zettel und lernte sie auswendig.
Wir trafen uns in dem Café, in dem wir uns zum ersten Mal verabredet hatten. Alles war wie damals – nur ihr Lächeln fehlte. Statt dessen schaute sie ernst und bedrückt. Ihre Lippen waren fest zusammengepreßt. Ich vergaß alles, was ich mir vorher so schön eingeprägt hatte und stammelte nur dummes Zeug. Ich flehte sie an, wenigstens ihre Hand halten zu dürfen. Sie nickte nur.
Allein diese winzige Berührung raubte mir fast den Verstand. Ich nahm nichts mehr wahr außer dieser warmen, weichen Hand. Nicht die Leute um uns herum. Nicht die Musik. Ich war wie benommen.
Was sich im einzelnen ereignete, läßt sich mit Worten nicht beschreiben. Jedenfalls gingen wir zu mir nach Hause. Kaum waren wir in der Wohnung, rissen wir uns schon die Kleider vom Leib. Das hört sich ziemlich theatralisch an,

aber so war es. Wir fielen übereinander her. Voller Sehnsucht.

Drei Monate lang liefen wir neu verliebt durch die Gegend, verbrachten jede freie Minute miteinander. Wir waren richtig glücklich, bis uns der Alltag wieder einholte.

Was mich wieder störte? Ich glaube, sie hatte den Komplex, zu alt für mich zu sein. Sie bestand immer auf ihrem eigenen Leben, ihrer Wohnung, ihren Freiräumen und eigenen Bekannten, bei denen ich nichts zu suchen hatte. Das machte mich wahnsinnig.

Mit der nächsten Trennung wollte ich sie zwingen, ihr Terrain aufzugeben. Als ich ihr sagte, daß es keinen Sinn mehr hätte, war sie total bestürzt. Sie hatte geglaubt, zwischen uns sei jetzt alles in Ordnung. Sie war wie vor den Kopf gestoßen. Ich sah sie zum ersten Mal weinen. Ich empfand es als Genugtuung und war erleichtert, daß sie ihr Leben und ihre Gefühle doch nicht immer im Griff hatte.

Die erste Woche nach diesem Abschied blühte ich auf. Ich ging bis in die Morgenstunden aus und flirtete mit anderen Frauen. Aber dann überkam mich ein Gefühl der Leere. Ganz plötzlich, als ich glaubte, die Trennung überwunden zu haben. Alle anderen Frauen interessierten mich nicht mehr. Sie konnten mir nicht das Gefühl geben, das ich nur bei Carla empfand. Das spürte ich immer deutlicher, immer schmerzlicher.

Ich saß in meiner Wohnung und fühlte mich todunglücklich. Ich hatte Carla früher oft auf dem Klavier vorgespielt. Spielte ich jetzt die ersten Töne, erinnerte ich mich daran, wie schön es war, wenn Carla dabei auf dem Sofa saß und mir zuhörte. Ihre Nähe fehlte mir.

Carla meldete sich nicht bei mir. Stolz war sie immer. Ich schrieb ihr Liebesbriefe. Briefe, das wäre wohl zu wenig. Sie waren so zwanzig bis dreißig Seiten lang. Alles, was ich

fühlte, dachte und mir für unsere Zukunft ausmalte, teilte ich ihr mit. Eine Antwort bekam ich nie.
Diese Teilnahmslosigkeit machte mich verrückt, raubte mir fast den Verstand. Weihnachten und Silvester standen vor der Tür. Am Heiligen Abend versuchte ich, sie anzurufen. Ich zitterte, als das Freizeichen ertönte. Aber niemand meldete sich.
In den allerschlimmsten Bildern malte ich mir aus, was sie wohl gerade tat. War sie glücklich in den Armen eines anderen Mannes? Küßte sie ihn? Liebte sie ihn? Ich verbrachte die Feiertage allein in meiner Wohnung und wollte niemanden sehen.
Zwischen Weihnachten und Silvester wählte ich bestimmt fünfhundertmal ihre Nummer. Irgendwann mußte sie doch zu Hause sein. Oder war sie verreist?
Die Silvesternacht war grauenhaft. Allein hockte ich in meiner Wohnung. Ich zerfloß vor Selbstmitleid und machte mir zugleich Vorwürfe. Ich quälte mich mit Erinnerungen. An ihr Lachen, an unsere Nächte, an ihr Parfüm. Hätte nicht viel gefehlt und ich wäre aus dem Fenster gesprungen.
Es wurde mir immer unklarer und unverständlicher, warum ich unsere Beziehung so einfach beendet hatte. Wie hatte ich so etwas tun können, obwohl ich Carla so sehr liebte?
Als Carla am Neujahrsmorgen endlich den Telefonhörer abnahm, war ich wie versteinert. Ich sagte nur: »Ich kann nicht mehr. Ich bin am Ende.« Dann legte ich auf und fuhr zu ihr. Wir fielen uns in die Arme. Unendlich glücklich.
Nach einer Trennung wieder zusammen zu sein, ist das wahnsinnigste Gefühl überhaupt. Ich trennte mich fünfmal von Carla. Ich frage mich oft, warum ich nicht einen Schlußstrich zog oder mich ganz für sie entschied. Warum tat ich ihr und mir dies immer wieder an?

Ich wollte das Ende nie wirklich akzeptieren, obwohl ich es selber provozierte. Bei jeder Trennung hatte ich im Hinterkopf: Das wird wieder. Und der Erfolg gab mir recht.
Ich stellte die verrücktesten Sachen an, um Carla, nachdem ich mich von ihr getrennt hatte, zurückzugewinnen. Einmal arrangierte ich ein Fondue-Essen in meiner Wohnung und erzählte ihr, daß außer ihr zwanzig andere Leute kämen. Dabei war es nur für uns zwei. Ich wußte, ich würde sie rumkriegen, wenn sie erst den Fuß in meine Wohnung gesetzt hatte.
Ein anderes Mal rief ich unter fadenscheinigen Gründen an, weil ich einen geschäftlichen Rat von ihr benötigte.
Nur einmal trennte sich Carla von mir. Ich war allein in Urlaub gefahren, und als ich wiederkam, steckte ihr Abschiedsbrief in meinem Briefkasten. Damit hatte ich nicht gerechnet. Sie bat mich, sie nicht mehr zu sehen. Sie hätte einen anderen Mann. Ich sollte das respektieren.
Das konnte ich nicht ertragen und fuhr sofort zu ihrer Wohnung. Sie stand in der Tür und weinte. Diese Trennung dauerte nur drei Tage. Sie versicherte mir, es gäbe in Wirklichkeit für sie keinen anderen Mann als mich. Aber mein Mißtrauen blieb. Es war zermürbend. Auf einmal mißtraute ich ihr. Das konnte ich nicht ertragen.
Vor zwei Jahren trennten wir uns dann endgültig. Das heißt, ich trennte mich von ihr, und ich habe sie nie mehr angerufen. Eine so wahnwitzige Beziehung kann man erst dann beenden, wenn sie am Nullpunkt angelangt ist. Denn vorher ist der Reiz größer als der Frust. Unsere Partnerschaft war nie langweilig. Ich bin jemand, der Spannung im Leben braucht. Ich will im Mittelpunkt stehen. Beides ermöglichte mir diese Beziehung. Manchmal laufe ich noch heute durch meine Wohnung und hänge den Gedanken an Carla nach. Ich betrachte die Bilder, die sie aufgehängt hat.

Ich denke an ihr Lachen. Ihre Hände. Ihren Körper. Und manchmal muß ich mich schwer zusammenreißen, sie nicht wieder anzurufen.
Dann würde alles wieder von vorne anfangen.

»Ab und zu brauche ich Freiheit«

Doris, 33, arbeitslos, und Frank, 35, Angestellter. Zwei Jahre Beziehung.

»Es ist komisch. Auf der einen Seite will ich meine Freiheit, aber ich möchte auch mit Frank zusammensein. Ich fühle mich immer hin- und hergerissen.« Doris streicht sich nachdenklich durch ihre lockigen blonden Haare. Ihre blauen Augen strahlen Unruhe aus. Sie ist klein und zierlich, wirkt aber im Gegensatz zu ihrem großen, leicht korpulenten Freund Frank energisch und dominant. Frank schweigt. Er wirkt schüchtern, fast ein wenig gehemmt. Der Typ eines Einzelgängers. Seine Blicke sind skeptisch, seine Lippen mißmutig zusammengekniffen. Er haßt dieses Thema, er haßt es auch, wenn Doris von ihrem Traum, Fotomodell zu werden, erzählt. Dann bekommt er das Gefühl, nur ein Lückenbüßer im Leben seiner Freundin zu sein.
Im Gegensatz zu Doris träumt er von einem ganz normalen Leben: mit Trauschein, Kindern, einem Reihenhaus und einer Frau, die abends in der Küche steht und das Essen zubereitet. »Sie kocht nicht, kümmert sich nicht um den Haushalt und will auch keine Kinder. Aber trotzdem liebe ich Doris. Ich schaffe es nicht, mich von ihr zu trennen«, sagt Frank leise und schaut seine Freundin zärtlich an.
Doris ist die erste Frau, mit der Frank zusammenlebt. Bis vor zwei Jahren wohnte er bei seinen Eltern. Seine Mutter

kümmerte sich um alles: um sein Zimmer, sein Essen, kontrollierte, mit welchen Freunden er ausging. Und sie konnte Doris nicht leiden. Sie fand, daß sie ihn nur ausnutzte und sie nicht die richtige Frau für ihn sei. Deshalb zog Frank aus dem Haus seiner Eltern aus.

Doris und Frank leben seit einem Jahr in einem Mietshaus am Stadtrand von Leverkusen. Die Einrichtung ist bürgerlich rustikal. Mit Schrankwand und zwei Ohrensesseln, die exakt in Blickrichtung Fernseher stehen. Ölgemälde von Venedig hängen an der Wand, und bestickte Kissen liegen auf dem beigegrün gemusterten Sofa.

Frank kommt für den Lebensunterhalt und die Miete auf, da Doris seit einem Jahr ohne Arbeit ist. »Manchmal habe ich das Gefühl, mir ihre Zuneigung zu erkaufen«, sagt Frank verbittert. »Aber mein Geld reicht trotzdem nicht, um ihre Träume von einem luxuriösen Leben, schnellen Autos und teuren Kleidern zu erfüllen.«

Er leidet auch unter dem Gefühl, daß Doris die Bewunderung anderer Männer genießt. Trotzdem schafft er es nicht, sich von ihr zu trennen. Für ihn ist es wie eine Sucht, wie eine Abhängigkeit. »Bei jeder Trennung bin ich so verletzt. Ich hasse sie dafür, aber ich komme auch nicht los. Ich habe so etwas in meinem Leben noch nie erlebt. Manchmal frage ich mich, ob ich noch normal bin.«

Die Atmosphäre im Raum wird angespannter, die Stimmung ist beinahe unfreundlich. Besonders jetzt, wo die beiden über ihre zahlreichen Trennungen diskutieren. Immer war es Doris, die aus der Beziehung ausbrach. »Für mich war jede Trennung eine Befreiung. Aber kaum war ich allein, da fehlten mir die Sicherheit und Beständigkeit, die Frank auf mich ausstrahlt.«

Die beiden lernten sich durch eine Bekanntschaftsanzeige kennen, die Doris kurz nach ihrer Übersiedlung aus der ehemaligen DDR aufgab. »Ich fühlte mich allein und dachte, auf diesem Weg Kontakt zu finden, wäre eine gute Idee.« Doris ist geschieden. Ihr Ex-Mann und ihr neunjähriger Sohn Achim leben in Leipzig.

Frank war begeistert von ihrer Ausstrahlung, Wärme und Aufgeschlossenheit. Sie verkörpert das genaue Gegenteil von ihm, hat all das, was ihm im Leben fehlt: die Gabe, offen auf Menschen zuzugehen. Sie ist kontaktfreudig und voller Lebenslust. Frank: »Als ich sie sah, sprang sofort der Funken über. Ich empfand eine innere Verbundenheit, so etwas wie Vertrautheit.«

Frank hatte wenig Glück bei Frauen, deshalb sah er es als Chance, auf eine Bekanntschaftsanzeige zu antworten. Er hoffte, endlich zu bekommen, was er vermißte: eine Frau, eine richtige Familie.

Doris dagegen hat eine lockere Einstellung zum Thema Partnerschaft und Beziehungen: »Man trifft sich, lernt sich kennen und hofft, daß es funktioniert. Ich fand Frank einfach nett.«

Am Abend ihrer ersten Begegnung verhielt sich Frank zurückhaltend und vorsichtig. Er brachte ihr einen großen Strauß Rosen mit und lud sie zum Essen in ein italienisches Lokal ein. Danach fuhr er Doris nach Hause. Er unternahm keinen Versuch, mit ihr in die Wohnung zu gehen. Er machte keine Anstalten, sie zu küssen. Er hatte Angst, Doris zu verletzen, und wollte ihr nicht das Gefühl geben, nur an einer Bettbekanntschaft interessiert zu sein.

Aber gerade diese Zurückhaltung verwirrte und verunsicherte Doris. Fand er sie nicht attraktiv? Mochte er sie nicht? »Normalerweise sind Männer viel mehr an Sex interessiert«, sagt sie. »Er ist der erste Mann, der so zurückhaltend war. Das reizte mich.«

Anfangs lebten die beiden in getrennten Wohnungen. Doris

genoß das Gefühl, von Frank umsorgt zu werden. Aber nach ein paar Monaten vermißte sie die Aufregung. Sie langweilte sich in der Beziehung mit Frank. »Ich hatte das Gefühl, eingesperrt zu sein. Ich brauche Luft. Frank ist ein anhänglicher Mann, aber das begriff ich damals nicht. Ich bekam es mit der Angst zu tun. Angst, meine Freiheit zu verlieren, und das wollte ich nicht.«

Deshalb provozierte Doris Krach. Als Frank sie besuchte, saß ein anderer Mann in der Wohnung. Die Stimmung war locker und lustig. »Das war so ein Typ, mit dem sie vor mir geschlafen hatte«, sagt Frank. Seine Stimme ist leise und wütend. »Es war einfach zuviel. Der legte den Arm um sie und knutschte sie ab. Das ist doch keine Art, oder?« Frank forderte von Doris, daß der andere Mann die Wohnung verließ. »Entweder er geht oder ich«, sagte Frank. »Dann gehst besser du«, antwortete Doris kühl.

Frank war wie vor den Kopf gestoßen. Er verstand nicht, was in Doris vorging. Wie versteinert stand er im Türrahmen. Der andere Mann grinste. »Ich kam mir vor wie ein Trottel«, sagt Frank. Noch jetzt liegt Verbitterung in seiner Stimme.

Auf der anderen Seite konnte er das Gefühl, sie verloren zu haben, nicht ertragen. »Ich rief sie an, aber sie war abweisend und kühl am Telefon. Sie wollte offenbar nichts mehr von mir wissen.«

Zwei Wochen später trafen sie sich zufällig auf der Kirmes. »Ich dachte, mein Herz bleibt stehen, als ich sie Arm in Arm mit dem anderen Mann sah. Es war ein schlimmes Gefühl, daß ihre Liebe jetzt nicht mehr mir gehörte.«

Für Doris war es aufregend, Frank zu treffen. »Ich kam mir vor wie eine Verbrecherin, hatte ein schlechtes Gewissen und plötzlich Selbstzweifel. Aber der andere Mann war so aufmerksam. Ständig brachte er Blumen mit. Ein solches

Engagement hatte Frank schon lange nicht gezeigt. Der neue Mann gab mir das Gefühl, als Frau begehrenswert zu sein.«

Als sie sich begrüßten, beschlossen sie, zu dritt über den Kirmesplatz zu bummeln. Wie alte Freunde. Ständig tauschten Doris und Frank Blicke. Zuerst verstohlen, dann offen. »Es war richtig prickelnd, und ich schlug Frank vor, mit mir in der Geisterbahn zu fahren«, sagt Doris. Insgeheim hoffte sie zu spüren, daß er sie begehrte.

Als sie in dem kleinen Wägelchen durch die Dunkelheit fuhren, kuschelte sich Doris ganz nah an ihren Ex-Freund und spürte die Nähe und Vertrautheit. Sie genoß seine Umarmungen. Es war so romantisch wie in einem Liebesfilm. »Ich komme zu dir zurück. Laß uns nach Hause fahren«, flüsterte sie ihm ins Ohr. Frank war glücklich und nahm sie noch fester in den Arm.

Danach fuhren sie nach Hause, redeten und schmusten miteinander. Die ganze Nacht. »Ich war wieder frisch verliebt«, sagt Doris und lacht. »Ist schon ein witziges Gefühl, wenn man nach einer Trennung wieder zusammen ist.«

Statt abends vor dem Fernseher zu sitzen, unternahmen sie jetzt viel zusammen. Sie gingen ins Kino oder zum Tanzen. »Ihr zuliebe«, sagt Frank. »Ansonsten bin ich kein begeisterter Tänzer.« Und er brachte ihr Blumen und jedes Wochenende ein kleines Geschenk mit. Mal eine Schallplatte oder einen kleinen goldenen Anhänger.

Aber nach ein paar Wochen ging der Streit von vorne los. Auseinandersetzungen gab es wegen Geld oder weil Doris sich nicht um eine neue Arbeitsstelle kümmerte. Und um Sex.

Das Thema Sex ist Frank peinlich. Verlegen streicht er über seine kurzgeschnittenen dunklen Haare und zupft an dem dunkelgrünen Strickpullover: »Sie ist viel aktiver als ich.

Ich brauche nicht jeden Tag Sex, sie schon. Und wenn wir uns tagsüber gestritten haben, kann ich nachts nicht so tun, als wäre nichts passiert.« Doris schaut finster. »Du liebst mich nicht. Ein Mann, der eine Frau liebt, begehrt sie auch.«
»Ich verließ ihn erneut, denn ich empfand diese Beziehung nur noch als Belastung. Und seine Zurückhaltung im Bett, die ich vorher so toll fand, ödete mich an«, erzählt Doris.
Die Trennung dauerte vier Wochen. Frank rief Doris mehrmals täglich an. Aber Doris wollte ihn nicht sehen. Sie genoß ihr Singleleben. Nächtelang tanzte sie in Diskotheken, und »ich schlief auch mit anderen Männern. Aber nach kurzer Zeit war ich total frustriert. Ich spürte, keiner dieser Männer hatte ernsthaftes Interesse an mir. Sie wollten Sex – sonst nichts.«
Doris und Frank lächeln sich an. Seit zwei Monaten leben sie wieder zusammen. Für wie lange steht in den Sternen.

»Ich war einfach feige«

Thomas, 43, Bauingenieur. Sechs Jahre Beziehung.

Am Abend kam ich erschöpft nach Hause. Fix und fertig, wie durch die Mühle gedreht. Ich freute mich auf ein paar gemütliche, ruhige Stunden mit Angelika. Aber da saßen drei schwule Krankenpfleger auf meinem schwarzen Ledersofa und tranken mit ihr eine Flasche Wein. Die vier waren lustig und gut drauf, ich hingegen wurde stocksauer. Denn wenn ich etwas nicht vertragen kann, dann sind das erstens Schwule und zweitens Krankenpfleger. Ich habe sie hinauskomplimentiert: mit unhöflichen Worten und viel Getöse. Mein Auftritt war geschmacklos, unentschuldbar.

Aber ich empfand es als Provokation, daß diese Männer gemütlich in meiner Wohnung hockten.
Angelika wußte, daß ich darauf allergisch reagieren würde. Warum ließ sie das zu und verstand mich nicht? Im Büro wurde ich von früh bis spät gehetzt, täglich mindestens 150 Telefonate, Konferenzen, Meetings. Sie wußte doch, daß meine Wohnung für mich so etwas wie eine Insel bedeutete, auf die ich mich zurückziehen konnte. Eine Tabuzone. Da dulde ich keine Konflikte und fühle mich auch nicht in der Lage, Klassen- oder Generationskämpfe auszufechten.
Aber sie war nur wütend, ließ nicht mit sich reden und verließ ebenfalls mein, oder besser gesagt, unser Haus. Zum Abschied sagte sie: »So kannst du mit mir und meinen Freunden nicht umspringen.« Das war eine von mindestens zehn Trennungen in den sechs Jahren.
Angelika war im Recht. Mein Benehmen war unmöglich. Obwohl das Haus und alles andere mir gehören, hatte ich kein Recht, sie so zu behandeln. Unsere ungleichen Besitzverhältnisse waren ein gewaltiges Problem in unserer Beziehung.
Ich verstand Angelikas Schwierigkeiten und Argumente, konnte aber nicht damit umgehen. Es entstanden Diskussionen um den Wert der Arbeit. Um unsere Freunde, überhaupt alles. Wir führten regelrecht Krieg gegeneinander. Und irgendwann gab es keinen Ausweg mehr.
Angelika ist elf Jahre jünger als ich. Sie ist mit Leib und Seele Krankenschwester. Ich lernte sie in einer Kneipe kennen. Eigentlich war ich mit ihrer Freundin verabredet. Aber Angelika faszinierte mich. Optisch war sie unauffällig, sie wirkte wie das nette Mädchen von nebenan. Ohne modisches Styling, ohne Make-up und auffällige Kleider. Aber sie war jung, frisch, unverbraucht und hübsch. Erfrischend

natürlich. Ganz anders als die Frauen, mit denen ich sonst zu tun hatte.

Ich steckte damals beruflich in einer erfolglosen Phase: Ich hatte im Baugewerbe spekuliert und verloren. Angelika interessierte das nicht. Auf Ansehen, Autos, Geld und sonstige Statussymbole legte sie keinen Wert. Angelika gab mir Selbstbewußtsein und das Gefühl, auch ohne Geld liebenswert zu sein. Manchmal denke ich, ohne ihre Unterstützung hätte ich den beruflichen Aufstieg nicht mehr geschafft.

Das Witzige ist, daß wir, solange es mir schlechtging, glücklich waren. Die Probleme begannen erst, als es mit meiner Arbeit wieder aufwärtsging. Plötzlich verfügte ich wieder über reichliche finanzielle Mittel und kaufte ein Eigenheim. Wir fuhren in Urlaub und hatten zum ersten Mal Zeit für uns. Das war so nach drei oder vier Jahren Partnerschaft. Jetzt fiel mir immer stärker auf, wie verschieden wir waren. Unsere Probleme wurden deutlicher.

Angelika stammt aus einer rheinischen Arbeiterfamilie, ich aus der sogenannten oberen Mittelschicht. Diese soziale Diskrepanz machte sich zunächst nicht bemerkbar, aber mit meinem neuen Erfolg fühlte sich Angelika zunehmend unterlegen. Ich sei gebildeter als sie, ich verdiene mehr Geld, betonte sie immer wieder. Wir diskutierten bestimmt hunderttausendmal über diese Themen. Und Angelika hatte nicht unrecht: Mir fehlte tatsächlich die intellektuelle Herausforderung. Angelika wurde mir langweilig, da sie zu berechenbar, zu lieb und zu wenig aufregend war.

Unsere Freunde paßten auch nicht zusammen. Ich mochte ihre schwulen Krankenpfleger nicht, sie dagegen urteilte meine Freunde als eingebildet und arrogant ab. Sie fühlte sich von ihnen nicht anerkannt. Manchmal sagte sie zu mir: »Die glauben, ich bin nur eine Durchgangsstation in deinem Leben. Das macht mich traurig und unglücklich.«

Ich spürte, daß meine Lust auf sie nachließ. Auch sexuell. Wenn sie nachts neben mir im Bett lag, drehte ich mich am liebsten zur Seite und schlief sofort ein. Wahrscheinlich nahm wegen meiner Unzufriedenheit meine Lust ab.
Körperlich fühlte ich mich von Angelika getrennt, und seelisch entfernte ich mich täglich ein wenig mehr von ihr. Aber damals verdrängte ich dieses Gefühl. Mein Harmoniebedürfnis stand mir im Weg und auch meine Angst, mein gut organisiertes Leben könnte in Unordnung geraten.
Angelika spürte, daß ich mich mehr und mehr zurückzog. Das ertrug sie nicht und wollte sich aus diesem Grunde trennen. Zehnmal verließ sie mich während der letzten drei Jahre unserer Partnerschaft. Sie mietete bestimmt fünfmal eine eigene Wohnung, bezahlte Kautionen und Maklergebühren. Für ihre Überzeugung trat Angelika voll ein. Das imponierte mir.
Für mich war die erste Trennung der Anfang vom Ende. Wenn man sich einmal getrennt hat, wird es nie wieder so, wie es früher war. Die Spannung, die negativen Emotionen sind schnell wieder da, nachdem die erste Begeisterung verflogen ist. Im Prinzip gibt es kein Zurück mehr. Anfänglich fühlte ich mich noch schlecht, wenn sie abends nicht da war. Es war fremd, anders. Aber auch daran gewöhnte ich mich mit der Zeit. Bei der letzten Trennung fühlte ich nur noch Erleichterung.
Unsere Trennungen dauerten zwischen zwölf Stunden und vier Wochen. Zwar packte jedesmal sie die Koffer, aber wenn ich ehrlich bin, provozierte ich die Trennungen: mit bösen Szenen, Bettgeschichten und so weiter. Ich war längst aus der Beziehung ausgestiegen, wollte es aber nicht wahrhaben, und ich war zu feige, ihr ins Gesicht zu sagen: »Ich glaube, ich liebe dich nicht mehr.«

Wer kann das schon? Ich bin völlig unfähig dazu. Aber mich macht auch die Erkenntnis fertig, daß ich mich mies und unaufrichtig verhielt.
Ich spürte auch meine Angst vor der Einsamkeit. Deshalb bat ich sie kurz vor ihrem Umzug meistens, doch bei mir zu bleiben. Drei Jahre verbrachten wir in diesem seelischen Hin und Her.
Wir sind jetzt seit vier Monaten nicht mehr zusammen. Ich habe mit ihr ein faules, unehrliches Arrangement getroffen, ein unfaires Spiel, eine Trennung auf Probe. Angelika hofft noch, aber für mich gibt es kein Zurück. Ich will die Beziehung nicht mehr, ich habe emotional damit abgeschlossen. Ich trenne mich auf Raten, weil es so für mich einfacher ist. Ich komme mit dem Ende unserer siebenjährigen Freundschaft gut zurecht. Ich habe jetzt mit einer anderen Frau einen siebenwöchigen Segeltörn durch die Karibik gemacht. Es war schön. Früher ärgerte ich mich ständig, daß Angelika für meine größte Leidenschaft, das Segeln, kein Verständnis hatte. Ihr wurde immer nur kotzschlecht. Im wahrsten Sinne des Wortes. Das ist vorbei.
Nur daheim, in unserem früheren gemeinsamen Haus, spüre ich heute manchmal noch ihre Anwesenheit. Deswegen bin ich ständig unterwegs. Seit der Trennung verbrachte ich höchstens vier Abende zu Hause. Ich lenke mich ab: durch Freunde, Frauen, Essen und Arbeit. Das ist alles. Wahrscheinlich steckt meine Angst vor Einsamkeit dahinter. Vielleicht auch die Panik, doch wieder rückfällig zu werden, wenn ich allein im Wohnzimmer sitze und Musik höre. Dann vermisse ich Angelika, und unbewußt horche ich, ob es nicht ihr Auto ist, das an der Straße parkt.
Ich fühle mich für Angelika verantwortlich. Wir haben in all den Jahren viele Reisen unternommen. Sie besaß alles, was sie sich wünschte: schöne Kleider, ein komfortables

Zuhause. Mit unserer Trennung mußte sie auch ihren Lebensstandard senken. Jetzt lebt sie in einer bescheidenen Zweizimmerwohnung statt in einem luxuriösen, großen Haus. Ich unterstütze sie finanziell. Das ist alles, was ich noch für sie tun kann. Vielleicht will ich damit auch nur mein schlechtes Gewissen beruhigen.
Trennung ist zuerst schmerzhaft. Es ist nicht einfach, wenn sich zwei Menschen auseinanderdividieren, die sich liebten. Danach kommt das Gefühl der Erlösung und auch die Neugier auf das Neue, für das man jetzt frei ist.
Mittlerweile bin ich zu der Überzeugung gelangt, daß ich nicht für dauerhafte Freundschaften geeignet bin. Dreimal habe ich sechs Jahre lang mit verschiedenen Frauen zusammengelebt. Alle Beziehungen scheiterten.
Jetzt habe ich eingesehen, daß ich für mehr als ein flüchtiges Abenteuer nicht tauge.

3 Auf der Achterbahn der Gefühle

Unser gesamtes Denken, Fühlen und Handeln wird durch das Verhalten unseres Partners bestimmt. Wir erleben Aufregung und Chaos statt echter Nähe.

Der Sturz von jubelnder Freude in schwärzeste Depression ist typisch für abhängige, süchtige Beziehungen. Es gibt keine konstante Stimmung, kein konstantes Verhalten. Die Gefühle für den Partner wechseln sprunghaft. Heute schwebt man noch auf einer rosaroten Wolke des Glücks, der Zuversicht und Verliebtheit, morgen schon machen sich Depressionen und tiefe Traurigkeit breit. Man fühlt sich hin- und hergerissen zwischen Liebe, Haß und Zorn.

Es gibt kein gegenseitiges Einverständnis, da man den Partner in seiner Komplexität nicht akzeptiert. Jeder bemüht sich so zu werden, wie er glaubt, daß der andere ihn haben möchte. Im Laufe einer solchen Beziehung hassen sich die Partner aufgrund ihrer gegenseitigen Abhängigkeit, brauchen sich aber weiterhin und kommen nicht voneinander los.[5]

In solchen Beziehungen beruht vieles auf Illusionen und Unehrlichkeiten. Deswegen fühlen sich die Partner ständig verwirrt und kommen mit ihrem Gefühlsleben, mit ihren

Wünschen und Hoffnungen nicht mehr zurecht. Sie empfinden die ständige Nähe des Partners zunehmend als unerträglich, ein Partner zettelt scheinbar grundlos einen Streit an, nur um so kurzfristig zu mehr persönlichem Freiraum zu kommen.
Die Partnerschaft besteht nur durch den gegenseitigen Hunger nach Zuneigung, der für niemanden mehr kontrollierbar ist. Da aber dieser Hunger nach Zuneigung nie wirklich befriedigt wird, wächst das Gefühl der Unzufriedenheit und Selbstbezogenheit. Als Reaktion auf diese Mangelerfahrung fordern beide Partner immer mehr, zeigen aber selbst immer weniger Bereitschaft, ihrem Partner etwas zu geben. Es ist wie eine Spirale, die zwangsläufig nach unten führt und in noch mehr Unzufriedenheit, Chaos und Spannungen endet.
In solchen Beziehungen findet niemand eine verläßliche Basis, weder die Sicherheit noch das Vertrauen, noch den Gemeinschaftssinn, die für eine erwachsene Beziehung unerläßlich sind. Menschen, die in Suchtbeziehungen leben, neigen dazu, ihre Aggressionen am anderen auszulassen. Durch Schuldzuweisungen lenken sie von sich selbst und der unterlassenen Arbeit an der Entwicklung ihrer eigenen Persönlichkeit ab.

Margit, 33, Assistenzärztin: »Unbewußt hatte ich immer Angst vor der nächsten großen Krise. Das verunsicherte mich. Meine Gedanken kreisten nur noch um uns.«

Christine, 32, Journalistin: »Nie wußte ich, was passieren würde. An einem Tag liefen wir Arm in Arm durch die Gegend. Wie frisch verliebt. Wir schauten uns Wohnungen an und schmiedeten Heiratspläne. Eine Woche später war alles anders. Ohne Vorwarnung. Ohne Ankündigung.

Dann eröffnete Peter mir, daß er mit mir todunglücklich wäre und sich von mir trennen wollte.«

Michael, 36, Regieassistent: »Erst wünschte ich mir ein Kind von ihr. Aber als sie dann schwanger war, fand ich, daß wir doch nicht zusammenpaßten. Ich bat sie, das Kind abzutreiben. Einen Monat später wäre ich am liebsten sofort mit ihr nach Las Vegas geflogen, weil ich das Gefühl hatte, ohne sie nicht leben zu können.«

In abhängigen Beziehungen treten Krisen, Streit und Spannungen viel häufiger auf als in anderen Beziehungen. Oft wirken die Ursachen für die Konflikte von außen lächerlich und sind für Freunde und Verwandte kaum nachzuvollziehen. Je länger solche Beziehungen dauern, um so kürzer sind in der Regel die Abstände der Krisen, da jeder immer öfter versucht, aus dieser Abhängigkeitsbeziehung auszubrechen, um in dem neuerworbenen Freiraum Ruhe und Frieden zu finden. Das sind die Erholungs- und Regenerationsphasen.

Alle Interviewpartner und -partnerinnen berichteten, daß sie nach Krisen oder Trennungen die Versöhnungszeit als besonders schön und intensiv erlebten. Solche Aussagen sind typisch: »Wir waren wie frisch verliebt«; »Wir vergaßen alles um uns herum«; »Dann war Sex immer besonders intensiv«; »Das Schönste war die Versöhnung«.

Alle negativen Erfahrungen werden beiseite geschoben. Jedem geht es dann nur um die Stillung des Zuneigungshungers, der nach der Entzugsphase als besonders befriedigend empfunden wird. Das gilt auch für den Sex.

In einer Studie der Universität von Florida in Gainesville (1990) wurde das Intimleben von 5292 Paaren untersucht. Im Schnitt hatte jedes Paar pro Monat 6,5mal Geschlechtsverkehr. Paare, die häufige Auseinandersetzungen hatten, gingen öfter miteinander ins Bett. Liebe und Versöhnung wird in solchen Partnerschaften häufiger körperlich bewiesen.

Barbara, 32, Angestellte: »Ich fragte mich oft, warum ich mit diesem Mann noch so gerne ins Bett ging, obwohl er mich bis ins tiefste Innere verletzte. Aber ich konnte nicht nein sagen. Sobald er mich anfaßte, war meine Sehnsucht stärker.
Nach Trennungen fieberte ich dem Moment entgegen, wenn wir uns wiedersahen. Ich wußte dann, er wollte es genauso wie ich. Ich genoß seine Verführungen. Wenn wir dann miteinander schliefen, war es immer wie eine Explosion.«

Harald, 34, Versicherungsmakler: »Als wir uns wiedersahen, machte mich allein die Berührung ihrer Hand fast wahnsinnig. Als wir in meine Wohnung gingen, rissen wir uns die Kleider vom Leibe. Wir fielen übereinander her. Wir waren wie ausgehungert. Voller Sehnsucht.«

Abhängige und suchtähnliche Beziehungen werden von Paaren immer als spannend und aufregend beschrieben, zumindest, wenn sie sich in einer Hochphase befinden. Natürlich sind die Argumente wie »es ist immer was los«, »es wird nie langweilig«, »ich brauche Spannung in meinem Leben, sonst schlafen mir die Füße ein« auf den ersten Blick verständlich. Denn in solchen Partnerschaften gibt es keinen Alltagstrott. Aber in Wahrheit vermeidet man gerade in abhängigen Beziehungen echte emotionale Nähe. In solchen Partnerschaften läßt sich keiner wirklich auf den anderen ein. Es ist ein ständiger Kampf gegen den Partner und kein Kampf für eine bessere Partnerschaft. Es werden immer wieder nur sexuelle oder emotionale »Kicks« erlebt, mit Nähe und Liebe haben sie nichts zu tun.

Selbsttäuschung

Der Hunger nach Zuneigung versucht die Bindung zu erhalten und unser Verhalten sowie das des Partners zu beschönigen. Wir machen geistige Verrenkungen, nur um die frustrierende Art unseres Partners zu erklären. Wir sind ständig auf der Suche nach Begründungen, die unser Festhalten an der Beziehung rechtfertigen.

Hoffnung auf eine Besserung der Partnerschaft ist nicht grundsätzlich falsch. Man sollte nicht sofort aufgeben, wenn man in einer Krise steckt. Aber man darf sich nicht der Selbsttäuschung hingeben. Man muß lernen, zwischen begründeter und unbegründeter Hoffnung zu unterscheiden. Hilfreich ist dabei, wenn man ein Tagebuch führt. Denn man neigt leicht zur Idealisierung und schiebt die negativen Erlebnisse weit weg. Das Wissen und unser inneres Informationssystem werden einfach ausgeschaltet. Denn sonst könnte es niemand auf Dauer in einer solchen Beziehung aushalten.

Karin, 38, Hausfrau: »Mir wurde erst klar, daß wir schon seit Jahren Probleme hatten und ich oft sehr unglücklich war, als ich die alten Reisetagebücher und Briefe, die ich in depressiven Stunden an mich selbst geschrieben hatte, wieder hervorkramte. Vieles hatte ich vergessen oder wollte es nicht wahrhaben. Aber als ich das alles las, fiel es mir wie Schuppen von den Augen. Ich wußte, daß ich froh sein mußte, daß die Beziehung vorbei war.«

Versuchen Sie, nüchtern die Fakten zu betrachten: Wie oft schon haben Sie mit Ihrem Partner über die Beziehung oder ganz bestimmte, immer wiederkehrende Probleme diskutiert? Von wem ging die Initiative für diese Gespräche überwiegend aus? Wie oft haben Sie Streit? Wie lang sind die Abschnitte zwischen positiven und negativen Phasen in Ihrer Beziehung? Haben die Gespräche langfristig etwas bewirkt? Gibt es wirklich bedeutsame positive Veränderungen? Tut Ihr Partner etwas dafür?

Tricks, um den Partner abhängig zu halten

Abhängige Liebe steht unter dem Motto: »Ich liebe dich, weil ich dich brauche.« Jeder stellt an den anderen die Forderung nach bedingungsloser Liebe und Aufgabe der eigenen Persönlichkeit. Fast alle Energien werden für die Problemlösungen der Beziehung verwendet und nicht mehr für das persönliche Wachstum oder die Selbstverwirklichung.

Schwäche, Schuldzuweisungen, Eifersucht und Macht

Eine suchtartige oder abhängige Liebe ist immer auch eine Symbiose. Man braucht den anderen, um sich ausgeglichen und sicher zu fühlen. Wenn diese Symbiose bedroht ist, empfinden die Partner Angst. Da sie den anderen und die Beziehung brauchen, um ihre Sucht zu befriedigen, entwickeln die Beteiligten ausgefeilte Methoden und Techniken, um den Lösungsprozeß zu verhindern oder aufzuhalten.

Durch Tricks und psychologische Spiele will der eine Partner den anderen kontrollieren und das eigene Bedürfnis nach Zuneigung befriedigen. Je nach Charakter versucht man, Macht durch Stärke oder Macht durch Schwäche auszuüben.
Machtkämpfe verbergen unbewußte und unterdrückte Ängste. Der Machtspieler versucht, den Partner in die Rolle des Opfers, des Unterdrückten, des Hilflosen zu drängen. Nur so kann er sich selbst stark und sicher fühlen. Er versucht den Partner zu manipulieren und zu kontrollieren. Für diesen ist dieses Spiel, das nur die Ängste und Unsicherheiten des anderen tarnt, nicht zu durchschauen.

Karin, 25, Studentin: »Nach einem Streit zog er sich einfach an, grinste, verließ unsere Wohnung und schlug die Tür zu. Bevor er ging, sagte er noch: ›Ich komme erst wieder, wenn du dich beruhigt hast. Es gibt nettere und verständnisvollere Frauen als dich. Überleg dir das.‹
Ich war völlig fertig. Ich saß da, weinte und wartete darauf, daß er wieder nach Hause kommen würde. Ich hatte wirklich Angst, daß er mich verläßt. Dieses Spiel wiederholte sich ein paarmal. Eines Tages war ich aber so sauer, daß ich auch die Wohnung verließ und erst in den frühen Morgenstunden nach Hause kam. Alfred war schon daheim. Er war völlig verstört und verunsichert. Damit hatte er nicht gerechnet. Jetzt merkte ich erst, daß er mich genauso brauchte wie ich ihn.«

Aber auch Kontrolle durch Schwäche und Schuldzuweisungen ist Teil des psychologischen Spiels. Manche handhaben es so kunstvoll und geschickt, daß der Partner in eine Situation versetzt wird, in der ihm die gesamte Verantwortung für das Gelingen und Nichtgelingen der Beziehung aufgebürdet wird. Egal, was in der Beziehung vorfällt – er ist immer der Schuldige, weil er den Partner zu wenig unterstützt, ihn allein gelassen oder nicht verstanden hat. Schließlich fühlt sich der Partner für alle Probleme des anderen zuständig: für sein Gück, für seine Zufriedenheit, für seine Stimmungen, Launen, Aggressionen. Er ist rund um die Uhr nur noch damit beschäftigt, alle Gefühlsregungen und Verhaltensweisen des Partners zu beobachten, damit er die Aufgabe, für eine gute Beziehung zu sorgen, erfüllen kann.

Christine, 32, Journalistin: »Peter sagte immer zu mir, du mußt mir helfen. Du bist viel stärker und intelligenter als ich. Zuerst fühlte ich mich geschmeichelt. Aber dann stellte ich fest, daß er für all seine Handlungen die Verantwortung weit von sich schob. An jedem Problem trug ich die Schuld. Er sagte: ›Du liebst mich nicht genug. Würdest du mich mehr lieben, würdest du mir auch mehr helfen. Dann hätte ich mich nie so verhalten. Ich bin enttäuscht von dir.‹
Ich war schuld, wenn er zu spät aufstand, um zur Arbeit zu gehen. Ich war schuld, als er seinen Führerschein verlor, denn wenn er sich nicht so über mich geärgert hätte, hätte er auch nicht getrunken. Ich war sogar schuld, daß er mich betrog. Denn dann hatte ich ihm nicht genug Liebe gegeben. Zum Schluß wußte ich nicht mehr, was richtig und was falsch war. Ich war völlig verwirrt.«

Den Partner durch Eifersucht zu binden oder dadurch, daß man ihn eifersüchtig macht, ist ein häufig benutzter Schachzug im Spiel um die Kontrolle.
Eine erwachsene, reife Beziehung ist im allgemeinen charakterisiert durch ein tiefes gegenseitiges Vertrauen. In einer abhängigen Beziehung gibt es dieses Vertrauen nicht,

da die Beziehung von der Angst vor dem Verlust des anderen besetzt ist. Werden diese Verlustängste noch zusätzlich geschürt, steigt im gleichen Maße die Abhängigkeit des eifersüchtigen Partners. Das Maß an Eifersucht wird als Meßlatte für Liebe und Abhängigkeit gewertet.
Wenn ein Partner das Gefühl hat, daß der andere sich ihm entzieht, fordert er dessen Eifersucht heraus. So wird im Partner nicht das Gefühl erzeugt, daß dieser Mensch der falsche Partner sein muß, wenn er den anderen betrügt, sondern genau das Gegenteil ist der Fall. Er vermutet:[6] »Wenn ein anderer sich meinen Partner wünscht, dann muß er doch besser sein, als ich dachte. Und diese Person muß dann besser sein als ich.«

Thea, 34, Angestellte: »Ich fragte mich oft, warum ich ihm nicht den Laufpaß gab. Schließlich betrog er mich öfters, aber immer so, daß ich irgendwo eine Hotelrechnung, ein Bild oder einen Liebesbrief fand. Manchmal sagte ich mir, so ungeschickt kann doch kein Mensch sein. Erst später wurde mir klar, daß er es absichtlich tat, um mich zu verletzen. Das Seltsame war, daß ich dann um so mehr um ihn kämpfte. Ich wollte ihm zeigen, daß keine andere Frau so liebevoll und toll sei wie ich.«

4 Wege aus der Abhängigkeit

Nur wer erkennt, daß er selbst für sein eigenes Glück oder Unglück verantwortlich ist, findet zu sich selbst zurück.

Allein die Erkenntnis, daß eine Partnerschaft, in der man lebt, der eigenen persönlichen Entwicklung entgegensteht und destruktiv ist, reicht oft nicht aus, um sie aufzugeben. Sich aus einer Abhängigkeit zu befreien, ist schwierig. Denn wenn man abhängig ist, ist man fixiert: auf den Partner, auf seine Verhaltensweisen, auf die Beziehung. Man hat das Gefühl, ohne ihn nur noch ein halber Mensch zu sein. Trotz aller gegenseitigen Qualen fürchtet man die Trennung am meisten. Dabei tragen Frustration, Leid und Sehnsucht nicht dazu bei, eine Verbindung tragfähig zu machen.

Vielmehr kostet die Beziehung, um deren Ende die Partner so fürchten, alle Kraft, die sie brauchten, um ein Stück eigenes Leben zu führen. Ein Leben, das jeder Mensch auch in der Partnerschaft braucht, das ihm einen persönlichen Freiraum gewährt, der in abhängigen Beziehungen aber nicht möglich ist. So stellt sich bald das Gefühl ein, daß das Verhalten des Partners dem eigenen Glück im Wege steht.

Egal, wie sehr man sich um die Beziehung bemüht, man wird feststellen, daß keine dauerhafte Besserung eintritt und man sich nicht zufriedener fühlt. Die destruktiven Manöver müssen durchbrochen werden, nur dann hat man die Chance, die Beziehung zu beenden oder vielleicht zu verbessern.

- Der erste Schritt aus der Abhängigkeit ist die Einsicht, daß Sie Ihr persönliches Glück und Ihre Zufriedenheit in sich selbst suchen müssen.
- Sie müssen aufhören, durch psychologische Spiele Ihren Partner an sich zu binden. Reagieren Sie nicht auf seine Spielaufforderung. Dann wird es ihm bald langweilig werden.
- Gewinnen Sie Ihre Selbstachtung zurück.
- Sie müssen sich darüber klarwerden, daß Sie sich auch in Zukunft in dieser Beziehung unglücklich fühlen werden. Wenn Sie sich zur Trennung entschließen, wird die Trauer nur vorübergehend sein.

Es ist hilfreich, sich wirklich nüchtern zu überlegen, welche Eigenschaften und Charakterzüge man am Partner schätzt. Stellen Sie eine Liste der für Sie positiven und negativen Verhaltensweisen und Merkmale zusammen. Gewichten Sie die Aussagen und überlegen Sie sich, ob Sie wirklich auf Dauer mit den negativen Punkten leben können. Schieben Sie dabei den Gedanken, daß Sie dieses oder jenes sicher noch bei Ihrem Partner ändern könnten, ganz weit weg. Das ist nicht Ihre Aufgabe. Nur wenn Sie Ihren Partner in seiner Gesamtheit akzeptieren können, besteht eine Basis für die Partnerschaft.
Machen Sie eine »Kosten-Nutzen-Analyse« von Ihrer Partnerschaft. Ganz gleich, wie die Beziehung aussieht, Sie geben immer etwas auf. Aber Sie bekommen auch etwas dafür. Wenn die Zufriedenheitsskala stark ins Negative

tendiert, sollten Sie sich fragen, warum Sie mit dem Partner zusammenbleiben.

- Erkennen Sie Ihre Ängste und versuchen Sie, diese Ängste auszudrücken.
- Führen Sie ein Beziehungstagebuch. Schreiben Sie darin alles auf, was Sie fühlen, denken und erleben. Das zwingt Sie, die negativen Erlebnisse nicht zu verdrängen. Falls Sie sich schon getrennt haben, nehmen Sie dieses Tagebuch immer zur Hand, wenn Sie wieder Gefahr laufen, Ihre Beziehung zu idealisieren. So vermeiden Sie Rückfälle.
- Halten Sie Beziehungsrückschau. Überlegen Sie, ob frühere Partnerschaften nicht nach ähnlichen Mustern abgelaufen sind.
- Versuchen Sie, für sich selbst zu ergründen, warum Sie immer wieder in solche abhängigen Partnerschaften geraten. Selbsterkenntnis ist der erste Schritt, in Zukunft ähnliche Fehler zu vermeiden.
- Versuchen Sie nicht mehr, Ihren Partner zu ändern, sondern sich selbst.
- Intensivieren Sie Ihre Kontakte zu Freunden. Das hilft Ihnen bei Ihrem Schritt aus der Abhängigkeit. Scheuen Sie sich nicht, Ihre Freunde um Unterstützung zu bitten. Sie werden Sie auch immer wieder daran erinnern können, warum Sie sich von Ihrem Partner getrennt haben.
- Nehmen Sie Veränderungen in die Hand, die Sie schon lange geplant haben. Egal, ob es ein neues Hobby, Wohnortwechsel, Wohnungsrenovierung oder mehr Engagement für Ihren Beruf ist. Ablenkung tut Ihnen jetzt gut. Ihre Gedanken dürfen nicht ständig um Ihre frühere Partnerschaft kreisen.
- Brechen Sie den Kontakt zu Ihrem Partner vorerst voll-

ständig ab (wenn Sie keine gemeinsamen Kinder haben). Denn eine abhängige Beziehung läßt sich nicht von heute auf morgen in eine freundschaftliche Beziehung umwandeln. Die Gefahr, daß Sie wieder rückfällig werden, ist einfach zu groß.

Trennung als Therapie

Trennung kann auch eine Zeit
des Nachdenkens sein.
Denn manchmal erkennt man erst
den Wert einer Partnerschaft,
wenn man sie verloren hat.

»Durch die Trennung spürte ich, wie sehr ich ihn liebte. Aber so, wie unsere Partnerschaft ausgesehen hatte, konnte es auch nicht weitergehen. Daß wußte ich. Zwei Monate lang probierte ich das Leben ohne ihn aus. Ich ging viel aus, traf andere Männer und schlief mit ihnen. Aber trotzdem fehlte mir Dieter«, erzählt die 28jährige Gisela. Seit einem Jahr lebt sie wieder mit Dieter zusammen. Gisela trennte sich, weil sie fühlte, daß Dieter sich nicht aus vollem Herzen für sie entschieden hatte. »Er bewahrte immer Abstand und weigerte sich, mit mir Zukunftspläne zu machen. Das änderte sich nach der Trennung. Dieter merkte in dieser Zeit, wie wertvoll und wichtig ihm unsere Beziehung war.«
Trennung kann auch eine Zeit des Nachdenkens sein. Eine Zeit, in der jeder die Chance hat, sich mit der Beziehung, den eigenen Wünschen und Bedürfnissen auseinanderzusetzen. Manchmal erkennt man erst den Wert einer Partnerschaft, wenn man sie verloren hat.

Eine Untersuchung der Universität Bristol von 1988 ergab, daß 51 Prozent der Männer und 28 Prozent der Frauen die Scheidung von ihrem Partner bedauerten. In Deutschland heiraten acht Prozent der Geschiedenen ihren Partner ein zweites Mal.

Eine Trennung ist nötig, wenn sich destruktive Strukturen anders nicht durchbrechen lassen. Wenn ein Partner das Gefühl hat, auf der Stelle zu treten. Wenn die eigene Persönlichkeit leidet und alle Möglichkeiten der Veränderung innerhalb der Beziehung ausgeschöpft sind. Aber sie muß ernsthaft und überlegt vollzogen werden. Sie darf kein Machtmittel sein, um ein anderes Verhalten des Partners zu erpressen, wie es bei abhängigen Beziehungen geschieht.

Bei einer erwachsenen Beziehung und durchdachten Trennung benutzt man den Partner nicht wie eine Droge, sondern möchte nur mit ihm zusammensein, wenn sich eine für beide befriedigende Partnerschaft entwickeln läßt.

Obwohl Trennungen einen therapeutischen Effekt haben können, muß im Vordergrund die Bereitschaft stehen, den Partner endgültig zu verlassen, wenn keine Änderung im Verhalten eintritt. Sonst ist die Gefahr zu groß, daß man auf eine bloße Hoffnung hin wieder zusammenkommt. Denn die Trennung setzt bei beiden Partnern Verlustängste frei. Das Leben muß neu geordnet und gestaltet werden. Dies kann traurig und schmerzhaft sein. Jeder verzichtet auf liebgewonnene Gewohnheiten und all die schönen Aspekte, die die Beziehung besaß.

Wer sich aus einer Laune, Stimmung oder einem Gefühl heraus wieder für die frühere Zweisamkeit entscheidet, läuft Gefahr, in einen Liebes- und Trennungskreislauf zu geraten, denn dann beginnt man die Partnerschaft wieder, ohne daß wichtige Punkte ernsthaft geklärt worden sind.

Wenn Sie und Ihr Partner nach einer Trennung wieder eine

Chance für ein gemeinsames Leben sehen, sollten Sie folgende Grundsätze beherzigen:

- Die Trennungszeit sollte nicht nur ein paar Wochen dauern. Denn die Gefahr, daß man aus lauter Einsamkeits- oder Verlustgefühlen wieder einen Beziehungsanlauf startet, ist groß. In der Trennungszeit sollte jeder die Chance haben, wieder ein eigenständiges Leben zu beginnen und zu genießen. Dafür müssen beide aus der anfänglichen Trauerphase herausgekommen sein. Nur dann kann jeder entscheiden, ob das Leben mit dem Partner geeignet ist, die eigenen Wünsche und Bedürfnisse zu erfüllen.
- Lassen Sie sich Zeit. Verfallen Sie nicht sofort in eine neue Liebeseuphorie. Die Zeit der Distanz sollten Sie für klärende Gespräche nützen. Versuchen Sie, offen und ehrlich über alle Probleme Ihrer Partnerschaft zu sprechen.

  Eine Beziehung wieder aufzubauen, bedeutet Arbeit. Arbeit an sich selbst und an der Beziehung. Mit Versöhnung, einem schönen gemeinsamen Urlaub und einer aufregenden, leidenschaftlichen Nacht ist es nicht getan. Dann ist die nächste Krise vorprogrammiert.
- Geben Sie nichts auf Versprechungen. Glauben Sie nur das, was Sie sehen. Beobachten Sie Ihren Partner genau. Es ist unwichtig, wer von Ihnen im Recht war. Sie müssen eine Basis aufbauen und herausfinden, ob dies mit dem anderen möglich ist.

  Sie müssen zu einer gemeinsamen Lebensauffassung finden. Zu einer Beziehungseinstellung, in der jeder die eigene Individualität behalten kann. In einer erwachsenen Beziehung muß das Wohlergehen des Partners ebenso wichtig sein wie das eigene.

- Akzeptieren Sie für sich, daß Sie nie alles an Ihrem Partner mögen werden. Überlegen Sie sich, mit welchen Eigenschaften Sie leben können und mit welchen nicht. Versuchen Sie, ein realistisches Bild von Ihrem Partner zu zeichnen. Schauen Sie sich dieses Bild an und entscheiden Sie, ob Sie mit diesem Menschen zusammenbleiben möchten.
- Machen Sie keine Zugeständnisse oder Versprechungen, von denen Sie nicht wirklich überzeugt sind. Seien Sie fair zu Ihrem Partner. Geben Sie ihm auch die Chance, sich zu überlegen, ob eine gemeinsame Zukunft mit Ihnen in seinen Augen funktionieren kann. Nur wenn beide davon überzeugt sind, können Sie es schaffen.
- Falls Sie sich zu einem zweiten Versuch entschlossen haben, distanzieren Sie sich vom seelischen Schmerz und den Vorfällen der Vergangenheit. Fangen Sie wirklich von vorne an.

»Ohne Scheidung hätten wir nie mehr zusammengefunden«

Susanne, 43, Verlagskauffrau. Tochter 21 Jahre alt. Zwei Ehen mit Ernst, 45, Angestellter.

Meine ersten Ferien ohne Mann, nur mit meiner siebenjährigen Tochter Eva. Wir wohnten am Gardasee, in einer kleinen, hübschen Pension, die Sonne schien – ich war restlos glücklich. Ernst hatte damals keinen Urlaub bekommen, und ich freute mich, daß er mich ohne Protest allein wegfahren ließ. Er wußte, wie sehr ich mich auf diese zwei Wochen gefreut hatte. Ich war urlaubsreif. Nicht fahren zu können, wäre eine herbe Enttäuschung gewesen. Richtig

stolz war ich auf meinen Mann und dachte, er ist wirklich souverän und großzügig. Was ich nicht wußte: Während ich in Italien war, vergnügte er sich mit einer anderen in unserem Ehebett.
Durch einen dummen Zufall kam es heraus. Typisch Kleinstadt – eine Nachbarin beobachtete, wie eine langhaarige Blonde dreimal um sieben Uhr morgens unsere Wohnung verließ. Als ich aus dem Urlaub zurückkam, fragte sie mich scheinheilig, ob Ernst während meiner Abwesenheit Besuch von einer Verwandten bekommen hätte. Sie tat ganz harmlos, schaute mich dabei aber seltsam an. Mir verschlug es fast die Sprache. Daß Ernst mich wirklich betrügen würde, daran hätte ich selbst in den schlimmsten Träumen nicht gedacht, obwohl ich eigentlich damals ziemlich eifersüchtig war.
Ich mußte mich beherrschen. So tun, als wäre alles in bester Ordnung. Am liebsten hätte ich sie nach allen Einzelheiten gefragt. Wie die Frau aussah, an welchen Tagen sie bei uns im Haus war, wie lange das Licht brannte und so weiter.
Ich war wie vor den Kopf gestoßen. Als ich endlich die Haustür hinter mir schloß, brach ich in Tränen aus. Ein Weinkrampf schüttelte mich. Ich brauchte mindestens zwei Stunden, um meine Fassung zurückzugewinnen. Als Ernst von der Arbeit nach Hause kam, war ich immer noch kalkweiß. Meine Augen waren gerötet. Meine Hände zitterten. Kaum war er in der Wohnung, stellte ich ihn zur Rede. Meine Worte überschlugen sich. Ich beschimpfte ihn mit üblen Ausdrücken. Er blieb ganz ruhig. Dann gab er zu, daß er seit Monaten ein Verhältnis habe.
Für mich brachen meine Vorstellungen von Ehe und heiler Welt zusammen. Ich war naiv gewesen, glaubte an absolute Treue und Ehe, »bis daß der Tod uns scheide«. Ich kam mir ausgenutzt und hintergangen vor. Wie so ein blödes, blau-

äugiges Dummchen. Auf einmal sah ich klar: Ernst hatte es von hinten bis vorne geplant. Diese Urlaubsarie war eine einzige große Lüge: die Bitte seines Chefs, doch wegen der vielen Arbeit den Urlaub zu verschieben. Und ich hatte ihn noch bedauert – wie konnte ich nur so dumm sein! Und anstatt schuldbewußt zu sein, nahm Ernst diese Frau auch noch in Schutz. Das machte mich wahnsinnig. Für mich war sie nur eine Schlampe, die sich an einen glücklich verheirateten Mann mit Kind herangemacht hatte, eine Ehe zerstörte, mein sorgloses Leben ruinierte, meine Träume zertrat.

Ich konnte seine Betrügerei nicht verkraften. Immer erschienen diese Bilder vor meinen Augen. Wie diese Frau mit Ernst nackt in unserem Bett lag, ihn küßte und umarmte. Wie er ihr zärtliche Worte ins Ohr flüsterte, ihre Brüste streichelte und sie liebte. Vielleicht trug sie beim Frühstück meinen Morgenmantel? Benutzte mein Haarspray, meine Creme, mein Parfüm? Wahrscheinlich lachten sie über mich und waren stolz, daß sie ihre Liebesstunden so perfekt arrangiert hatten. Ich quälte mich mit Vorstellungen, wurde sie nicht mehr los. Anstatt liebevoll, reumütig und verständnisvoll zu mir zu sein, reagierte Ernst mürrisch und aggressiv.

Ich fühlte mich verletzt, gedemütigt und allein. Ich wollte mich an Ernst rächen. Ihn ebenso leiden lassen, wie ich unter seinem Betrug litt. Hinzu kam, daß ich unbewußt damals schon unzufrieden mit meinem Leben war. Es war mir zu eng. Zu eintönig. Mein Hausfrauendasein füllte mich nicht aus. Wer macht sich schon mit Freude ans Fensterputzen?

Bis zu Ernsts Betrug war nichts Außergewöhnliches in meinem Leben passiert. Keine Aufregung. Keine Spannung. Die Abende liefen alle gleich ab. Ich kochte das

Abendessen, dann lief der Fernseher, danach gingen wir schlafen. An den Wochenenden verbrachten wir die Abende mit unseren Freunden. Mal in der Kneipe, in einer Diskothek oder daheim. Die Gespräche drehten sich um Haushalt, Kinder, Küche, Fußball und Getratsche. Viel mehr war nicht drin. Mich machte das unzufrieden. Und als Dreingabe noch betrogen zu werden, das war mir zuviel. Nach einem Monat Quälerei packte ich meine Koffer und zog mit meiner Tochter zu Freunden. Nach einem weiteren Monat hatte ich eine eigene Wohnung. Ich wartete darauf, daß Ernst mir sagen würde, wie gerne er wieder glücklich mit mir wäre. Daß er seinen Fehltritt wieder gutmachen wolle.

Ernst ist eigentlich ein sehr lieber, gutmütiger Kerl. Manchmal ist er vielleicht ein bißchen stur, wenn man ihm auf den Schlips tritt. Mich störte, daß er niemals zugab, daß er mich brauchte. Ich sehnte mich danach, daß er mich bat: Laß dich nicht scheiden. Ich liebe dich, und ich brauche dich. Aber das tat er nicht. Deshalb wollte ich die Scheidung. Heute weiß ich, meine Reaktion war überzogen und übereilt.

Ich lebte mit meiner achtjährigen Tochter allein in einer Dreizimmerwohnung. Ich suchte mir einen Job bei einer Zeitung. Ich war für Anzeigenakquisition zuständig. Zum ersten Mal in meinem Leben war ich selbständig und für mich allein verantwortlich. Die Arbeit tat mir gut. Ich fühlte mich bestätigt und blühte richtig auf.

Mit Ernst hatte ich auch weiterhin Kontakt. Das ist halt so, wenn man ein gemeinsames Kind hat. Und da ich wußte, wie sehr Evi ihren Vater liebte, wollte ich den Umgang nicht boykottieren. Das war ich meiner Tochter schuldig.

Immer wenn Ernst kam, um Evi abzuholen, versuchte ich besonders hübsch auszusehen. Selbst wenn ich schlecht gelaunt war, lachte ich. Er sollte sehen, spüren, daß ich ohne

ihn hervorragend klarkam, glücklich war, zufrieden; daß ich meine Entscheidung nicht eine Sekunde bereute.
Nach dem obligatorischen Trennungsjahr wurden wir geschieden. Ich tat so, als würde es mir nichts ausmachen. Ich konnte mir selbst nicht eingestehen, daß ich Ernst immer noch liebte.
Drei Monate nach unserer Scheidung fuhr ich zum Skifahren nach Südtirol. Ich hatte mich in einer kleinen Pension eingemietet. Eva verbrachte die Ferien bei ihren Großeltern.
Ich bin ein recht aufgeschlossener Mensch. An Bekannten und Freunden fehlt es mir nicht. Ich kann auf Menschen zugehen. Aber selbst wenn ich mit jemandem die Nacht verbrachte, ich fühlte mich trotzdem einsam. Es war schon irgendwie komisch. Auf der einen Seite war ich zufrieden mit meinem eigenständigen Leben. Immer wenn ich von meiner Ehe sprach, erzählte ich jedem, daß ich heilfroh über die Scheidung wäre. Auf der anderen Seite fehlte mir die Wärme und Geborgenheit, die ich bei Ernst erfahren hatte. Silvester stand vor der Tür. Es wäre mein erstes Silvester ohne ihn gewesen.
Es war der 31. Dezember. Ich trottete morgens mit meinen Skiern zum Lift. Es war bitter kalt und ungemütlich. Schneetreiben und miserable Sicht. Als ich auf dem Gipfel war, beschloß ich, gleich in der nächsten Hütte einzukehren. Es war einer jener Tage, die man am besten am Kaminfeuer mit einem Glas Glühwein in der Hand in einer gemütlichen Holzhütte verbringt. Lustig, mit vielen Leuten. Wieder einmal wurde mir bewußt, wie allein ich war.
Meine Hände waren steif gefroren, und mein Gesicht glühte, als ich in die Wärme kam. Ich setzte mich an den Tisch ganz nah am Kamin. Es war eine richtig rustikale Hütte. Holzbänke, Holztisch. Einfach urig. Ich spürte die Blicke

der Männer am Nachbartisch und drehte mich um. Zuerst traute ich meinen Augen nicht, dachte, ich träumte. Da saß Ernst mit zwei anderen Männern. Natürlich gab es ein riesiges Hallo. Hatte er geplant, mich dort zu treffen? Aber das stritt er ab. »Purer Zufall«, beteuerte er. »Aber wirklich toll!«

Ein ulkiges Gefühl, neben dem Ex-Mann zu sitzen. So vertraut. So schön. Er legte den Arm um mich und sagte: »Na, Mucki, du bist ja ganz schön durchgefroren!« Er bestellte mir einen Glühwein und rieb meine Hände, bis sie ganz warm wurden und pochten.

Es waren traumhafte Stunden. Wir lachten viel und waren ausgelassen. Ich spürte, wie Ernst mich heimlich von der Seite anschaute. Ich fühlte, daß er sich ebenso wie ich freute. Und ich war froh, ihm ohne eine neue Frau zu begegnen. Insgeheim rechnete ich damit, daß er mich fragen würde, ob wir den Abend zusammen verbringen könnten. Von daher war ich nicht überrascht, als er mich beiseite nahm und mir eine gemeinsame Silvesternacht vorschlug. Im Gegenteil. Ich gab mich ganz locker. »Klar, warum soll ich nicht mit meinem Ex-Mann ins neue Jahr hineinfeiern?« Dabei lachte ich ihn an und strahlte.

Wir fuhren mit den Skiern ins Dorf ab. Wir hatten uns zum Fondue-Essen verabredet. Ich kam mir vor wie ein Teenager. Richtig aufgeregt, hektisch. Ich cremte mich mit meiner teuersten Körperlotion ein, zog mein verführerischstes Dessous an und brauchte ewig fürs Make-up. Ich mußte kichern, als ich unschlüssig vorm Kleiderschrank stand, hin und her überlegte, was ich tragen sollte.

Es war, als hätte ich die erste Verabredung mit einer neuen Flamme. Diesen Abend werde ich nie im Leben vergessen. Wir saßen beim Kerzenschein, schauten uns an, und ich vergaß alle Menschen um mich herum. Als um Mitternacht das Neujahrsfeuerwerk startete, standen wir Arm in Arm vor dem Lokal. Ich spürte nicht, daß es draußen bitter kalt war. Wir küßten uns, um uns ein glückliches neues Jahr zu wünschen. Erst zaghaft, dann leidenschaftlich. Für mich stand die Zeit still.

Ich weiß, es hört sich für andere sentimental an. Aber vielleicht ist das Leben manchmal auch wie in einem Hedwig-Courths-Mahler-Roman.

Als wir beide wieder in Deutschland waren, versuchten wir, unser glückseliges Gefühl festzuhalten. Es gelang uns auch. Es war so schön wie damals vor zehn Jahren, als wir uns kennenlernten und ineinander verliebten. Oder vielleicht noch schöner, weil wir jetzt wußten, wieviel wir einander bedeuteten.

Nach drei Monaten gab ich meine Wohnung auf und zog mit Eva wieder zu Ernst. Dasselbe Haus. Dasselbe Schlafzimmer. Aber wir waren wie ausgewechselt. Früher wollte Ernst immer daheim hocken. Jetzt überraschte er mich mit Theaterkarten oder Kurzausflügen. Im Gegenzug putzte ich die Pilze, die er im Wald gesammelt hatte. Früher war mir das völlig verhaßt. Jetzt machte es mir Spaß.

15 Monate später heirateten wir zum zweiten Mal. Ich glaube, ich habe ihn damals etwas erpreßt. Ich sagte ihm, wenn du mich liebst, dann heiratest du mich wieder. Das tat er auch.

In der Folgezeit ging es mit unserer Beziehung schleichend bergab. Wir bemerkten es zunächst nicht. Ich träumte davon, Karriere zu machen, etwas richtig Befriedigendes zu tun. Meine Lebensziele konnte Ernst nicht verstehen. Er war mit mir als Hausfrau und Mutter zufrieden.

Nach fünf weiteren Ehejahren fragte ich mich: Liebe ich diesen Mann noch? Aber ich konnte die Frage nicht wirklich ehrlich beantworten. Natürlich hatte ich ihn gern. Ernst

ist ein feiner Mensch. Aber oft, wenn wir zu zweit im Wohnzimmer saßen, fühlte ich mich unsagbar allein.
Ich entschied, daß ich ihn wahrscheinlich nicht so liebe, wie ich einen Ehemann lieben sollte und wie es Ernst verdiente. Deswegen trennte ich mich.
Ich ging nach Stuttgart, nicht ohne Angst. Ich war immerhin 36 Jahre alt und wußte nicht, ob ich es schaffen würde, jeden Tag zu arbeiten, mir selbst und anderen zu beweisen, daß in mir eine erfolgreiche Frau steckte. Und zudem wollte ich auch für Eva eine gute Mutter bleiben.
Ich litt nicht unter dieser Trennung. Die Beziehung zu Ernst war gefühlsmäßig abgeschlossen. Trotzdem war es eine harte Entscheidung, denn ich wußte nicht, was in diesem neuen Leben auf mich zukommen würde. Alles war neu.
Ich trennte mich nicht nur von meinem Mann, sondern auch von meinem Freundeskreis und dem ganzen bisherigen Leben. Heute arbeite ich als selbständige Objektleiterin in einem Verlag. Ich bin stolz, habe es geschafft. Ich bin hier mit nichts außer meinem Kind und meinem Kater hergezogen. Aber ich habe den Kampf gewonnen.
Ich glaube, Ernst hat mir die Trennung und die zweite Scheidung nie wirklich verziehen. Für ihn ist die Welt zusammengebrochen. Heute telefonieren wir nur ab und zu noch. Ich glaube, es tut ihm noch weh.
Ob ich die zweite Hochzeit jemals bereut habe? Wirklich nicht. Wieder in meinen Ex-Mann verliebt zu sein, war ein wundervolles Gefühl, und die ersten Jahre unserer zweiten Ehe waren glücklich. Ohne diese Trennung hätten wir wohl weiterhin nebeneinander hergelebt. Ohne zu wissen, wieviel wir uns bedeuten. Aber leider hält nicht alles für die Ewigkeit. Und schon gar nicht die Liebe.

»Nur so merkten wir, daß wir uns lieben«

Margit, 33, Fotolaborantin, und Bernd, 42, selbständiger Unternehmer. Seit fünf Jahren verheiratet. Tatjana ist fünf Jahre alt, Maximilian zwei Jahre.

»Ich hatte alles so satt«, sagt Margit über eine Zeit, in der sie sich unverstanden fühlte und vom Leben enttäuscht war. Nach zwei Jahren war ihre Ehe mit Bernd am Tiefpunkt angelangt. »Manchmal hätte ich am liebsten alles hingeschmissen. Ich fragte mich, ob eine Scheidung nicht die beste und fairste Lösung wäre. Aber wegen unserer Kinder zögerte ich.«

Ständig gab es Streit. Bernd verlor seinen Job und war ein paar Monate lang arbeitslos. Sein Selbstbewußtsein und sein männlicher Stolz litten darunter. Meistens war er schlecht gelaunt. Er fühlte sich als Versager und kam nicht mit der Tatsache zurecht, daß Margit jetzt die Familie ernährte. Trotzdem war das Geld immer knapp. Hinzu kam die tägliche Belastung durch den Haushalt, für den allein Margit sorgte. Sie erledigte die Hausarbeit und betreute Tatjana und Maximilian, die die Zuwendung und Fürsorge ihrer Mutter brauchten.

All die vielen Anforderungen wuchsen Margit über den Kopf. In dieser angespannten Situation verliebte sie sich in einen Arbeitskollegen. »Für mich war das Flucht. Ich sehnte mich nach Bestätigung. Ich genoß die Aufregung. Die Ehe mit meinem Mann hatte sich totgelaufen. Seine Eifersuchtsszenen ödeten mich an.«

Abends kam sie immer später aus dem Büro. Am liebsten wäre sie ganz dort geblieben, nur um ihrer häuslichen Situation zu entkommen. Hier, wenn sie zusammen mit

dem anderen Mann am Schreibtisch saß, fühlte sie sich glücklich. Sie hatte wieder das Gefühl, als Frau geachtet und umworben zu werden. Mal brachte er ihr Blumen mit, mal strich er zärtlich über ihre langen braunen Haare. Seine Anwesenheit spornte Margit zu Höchstleistungen an.
Bernd sagt über diese Krise: »Damals trennte ich mich von Margit. Das war meine einzige Chance. Ich mußte sie unter Druck setzen. Ich hatte das Gefühl, wenn ich nur dasitze und warte, ist alles zu Ende. Dann wird sie mich verlassen. Aber für mich war immer klar: Margit ist die Frau, die ich über alles liebe.«
Warum ihre Ehe damals in eine Krise geriet? Margit sagt dazu: »Als wir heirateten, kannten wir uns nicht wirklich. Unsere Ehe und unsere Liebe sahen wir durch eine rosarote Brille. Aber dann kam der Alltag.«
Heute ist Margit froh, daß Bernd eine Entscheidung provozierte. Denn so war sie gezwungen, ernsthaft darüber nachzudenken, wie wichtig Bernd ihr war. Margit: »Nur durch die Trennung haben wir wieder zusammengefunden. Sonst hätten wir unsere Ehe völlig ruiniert. Und dann wäre es zu spät gewesen.«
Als Bernd und Margit sich kennenlernten, war es Liebe auf den ersten Blick. Margit schaute zu ihrem Mann Bernd und lächelt. Sechs Jahre ist das her. Damals hatte sie ein eigenes Fotostudio in Köln. Bernd arbeitete für ein Mini-Car-Unternehmen, durch das Margit eilige Fotoarbeiten liefern ließ. Margit war nicht der Typ Frau, auf den Bernd normalerweise ansprach. Sie war ihm zu extravagant, zu selbständig und zu wenig anpassungsfähig. Bernd: »Sie ist halt eine emanzipierte Frau, die weiß, was sie will.« Aber auf der anderen Seite beeindruckte sie ihn gerade deswegen. Sie wirkte so souverän, so anders als die Frauen, mit denen er vorher zusammengewesen war.

Ihr Leben war für ihn fremd und doch faszinierend: eine Glimmerwelt mit verrückten Leuten aus der Werbebranche. Und attraktiv fand er Margit auch. Ihr hüftlanges, glattes braunes Haar und die schlanke, knabenhafte Figur gefielen ihm. Bernd: »Sie sah aus wie ein Modell.«
Chancen rechnete er sich bei Margit allerdings nicht aus. Ich dachte: »Was will die mit so einem stinknormalen Typen, wie ich es bin.« Aber er täuschte sich. Margit: »Er war das Gegenteil von mir, strahlte soviel Ruhe und Gelassenheit aus.« Und sie fand ihn sexy: Er war groß, schlank und dunkelhaarig, genau ihr Typ.
Sie wollte ihn näher kennenlernen und lud ihn zu einer Party ins Fotostudio ein. An diesem Abend hatte Margit nur Augen für Bernd. Nach dem Fest fuhren sie zusammen nach Hause und verbrachten die erste Nacht miteinander. Sie blieben zusammen.
Ein halbes Jahr lief ihre Beziehung gut, bis Margit merkte, daß sie schwanger war. Aber sie wollte nicht heiraten. Sie verspürte eine tiefsitzende Angst vor der Endgültigkeit, der ständigen Nähe. Sie wollte ihre Freiheit und Unabhängigkeit nicht verlieren. Und auf einmal quälten sie Zweifel. Waren sie nicht doch zu verschieden?
Bernd verstand ihre Bedenken nicht. Im Gegenteil. Es verletzte seine Gefühle, daß sich Margit trotz Schwangerschaft nicht für ihn entscheiden wollte. Bernd setzte ihr ein Ultimatum: »Entweder du heiratest mich oder wir trennen uns.« – »Ich habe dann nachgegeben. Ich wollte ihn nicht verlieren. Einen Monat nach der Geburt unserer ersten Tochter haben wir standesamtlich geheiratet.«
Ein halbes Jahr nach der Hochzeit kam es zur ersten großen Trennung. Margit hatte ihren Job als Fotografin aufgegeben. Sie war zu oft auf Reisen, hatte zu wenig freie Zeit für Kind und Mann. Statt dessen begann sie, eine internatio-

nale Abteilung für ein Kurierunternehmen aufzubauen. »Aber ich kam vom Regen in die Traufe. Ständig flog ich nach London oder Paris. Und wenn ich nicht weg mußte, hockte ich nächtelang über den Unterlagen im Büro.«

Die Stimmung daheim wurde täglich schlechter. Es gab Krach und auch Eifersuchtsszenen. Meistens war es Bernd, der in solchen Situationen die Koffer packte und für ein paar Tage zu seiner Mutter zog.

An diese vielen kleinen Trennungen gewöhnten die beiden sich mit der Zeit. Wenn Bernd mal wieder die Koffer packte, wußte Margit, daß er wiederkommen würde. Die Trennungen nahm sie nicht wirklich ernst. Aber die Stimmung wurde angespannter. »Und mir ging seine ständige Flucht vor unseren Problemen auf die Nerven. Er lief weg, anstatt sich damit auseinanderzusetzen«, sagt Margit. »Irgendwann verliebte ich mich dann wirklich in einen anderen Mann. Ausgerechnet in einen Kollegen.«

Nach kurzer Zeit flog das Verhältnis auf. Bernd packte die Koffer. Er hatte einen Job bei einem Kurierunternehmen in Hamburg gefunden. Er wollte weg. »Ich konnte dieses Hin und Her nicht mehr aushalten«, sagt Bernd und schaut seine Frau an. Denn wenn Margit später als üblich von der Arbeit kam, lief er unruhig in der Wohnung umher. Er wußte, der andere war jetzt mit seiner Frau zusammen. Lachte mit ihr. Vielleicht nahm er sie in den Arm, und sie küßten sich. Und die quälenden Fragen? Vielleicht ist die Geschäftsreise doch nur ein Vorwand und die zwei treffen sich, um mal ungestört ihr Verhältnis ausleben zu können. Die Belastung war für ihn zu groß.

»Ich wäre verrückt geworden. Natürlich quälten mich meine Phantasien auch in Hamburg. Aber da konnte ich mich ablenken und wartete nicht stundenlang auf Margit. Und unsere ständigen Streitereien trugen auch nicht zur Klärung unserer Lage bei. Ich glaubte, eine Trennung auf Zeit wäre der richtige Schritt. Margit würde schon wieder zur Vernunft kommen und spüren, was sie an mir verloren hatte.«

Er wollte mit der Trennungsdrohung ernst machen, die er im Anfall von Wut immer öfter von sich gab. »Wenn du diesen anderen Mann nicht verläßt, siehst du mich nicht wieder.« Diesmal wollte er ihr beweisen, daß die Trennung kein Spiel war.

Margit war zuerst nur erleichtert. Keine Dramen mehr, die sie sich Abend für Abend anhören mußte. Kein Streit. Keine Vorwürfe. Keine Tränen. Und sie glaubte, daß der Abstand beiden guttun würde. Aber mit der Zeit vermißte sie Bernd. »Plötzlich hatte ich das Gefühl, vielleicht hat Bernd in Hamburg eine andere Frau. Ich merkte, daß er mir doch nicht so gleichgültig war, wie ich eine Zeitlang dachte.«

Margit suchte den Kontakt zu Bernd. Aber er blieb stur: »Ich sagte ihr, daß ich keinen Telefonkontakt oder Besuche möchte. Ich wollte sie zwingen, sich wirklich, ohne wenn und aber, für mich und unsere Ehe zu entscheiden.«

Ein Jahr lang dauerte die Trennung. Bernd: »Anfangs waren unsere Trennungen so eine Art Kampf. Vor allem diese vielen kleinen Trennungen, während wir zusammenlebten. So nach dem Motto: Wer setzt sich durch – sie oder ich? Aber über diese Trennungen haben wir gemerkt, daß wir uns in Wahrheit gar nicht trennen wollten. Das hört sich vielleicht seltsam an, aber so war es.«

»Ich habe meine Freiheitsträume zu den Akten gelegt«

Beate, 35, Friseuse, und Dirk, 30, kaufmännischer Angestellter. Zwei Jahre verheiratet. Tochter Lisa ist fünf Monate alt.

»Ich lernte Dirk in einer Diskothek kennen. Ich hatte ihn schon öfters dort gesehen, traute mich aber nie, ihn anzusprechen. Ständig war er von Frauen umlagert. Ein gutaussehender Typ. Lässig, mit Jeans und Sakko.
Meine Freundin brachte ihn zu uns an den Tisch. Ich war ganz schön verklemmt und wußte zuerst nicht, wie ich mich verhalten sollte. Aber es wurde ein witziger Abend. Wir tranken und lachten viel.
Für den nächsten Mittag verabredeten wir uns zum Brunch. Wir redeten stundenlang, lachten und alberten herum. So, als würden wir uns schon lange kennen. Fast zwei Stunden saßen wir in dem Restaurant zusammen. Die Bedienung schaute uns schon schief an. Wir gingen schließlich und kauften Lebensmittel ein. Es war zu schön, um allein nach Hause zu gehen. Ich kochte für uns in meiner Wohnung. Er half beim Abwasch. Danach hockten wir bei mir auf dem Sofa, tranken zwei Flaschen Sekt und schmusten. Dirk schlief bei mir. Das wollte ich. Ich sehnte mich nach ihm. Nach seinem Körper, seinen Händen und seinem Geruch.
Dirk war der erste Mann, mit dem ich so schnell ins Bett ging. Bei ihm kam es mir normal und selbstverständlich vor.«
Beate lächelt. Sie hat eine positive Ausstrahlung. Lustige Augen und kleine Grübchen neben den Mundwinkeln.
Dirk, Beate und Lisa leben in einem kleinen Dorf im Bergischen Land. Die Vierzimmerwohnung liegt im ersten Stock

eines alten Fachwerkhauses. Gleich über Beates Frisiersalon. Lisa schläft. Dirk ist vor ein paar Minuten von der Arbeit nach Hause gekommen. Sie umarmen sich, geben sich einen Kuß. Die Stimmung zwischen den beiden ist ausgeglichen und liebevoll.

»Das war nicht immer so. Wenn ich an die Zeit kurz nach unserer Hochzeit denke! Du meine Güte. Da hätte ich nie geglaubt, daß wir es packen würden. Ich gebe zu, daß das mit Kind und Ehe für Dirk alles plötzlich und überstürzt kam. Wir kannten uns erst vier Monate, als wir heirateten«, sagt Beate.

Als Beate Dirk kennenlernte, war sie gerade erst geschieden worden und sehnte sich nach einer neuen, festen Beziehung. Sie wünschte sich Kinder. Das war einer der Gründe gewesen, daß die Ehe mit ihrem ersten Mann in die Brüche ging. Sie wollte eine Familie, er wünschte sich Ungebundenheit. »Das erzählte ich Dirk gleich am ersten Abend. Er sollte wissen, daß ich für lockere Verhältnisse nicht zu haben bin. One-night-stand-Affären mag ich nicht.« Beate schaut Dirk an. Ein bißchen herausfordernd. Trotzig. Offenbar hat sie einen wunden Punkt berührt. Als Dirk nicht reagiert, sagt Beate nochmals: »Das habe ich dir doch alles längst erzählt. Oder?«

»Klar, ich weiß«, sagt Dirk. »Aber vielleicht nahm ich es nicht ernst. Ich brauchte damals Zeit, um meinen Beruf und die Finanzen in den Griff zu bekommen. Kinder waren für mich kein Thema. Ich wollte frei und unabhängig sein, aber geliebt werden. Das habe ich vielleicht nicht deutlich gesagt.«

Vier Monate nach der ersten Nacht wurde Beate schwanger. Beate: »Ich freute mich. Und ich glaubte auch, daß Dirk einverstanden wäre. Ich nahm keine Pille. Auch andere Verhütungsvorkehrungen hatten wir nicht getroffen.«

Dirk: »Ich war fix und fertig. Es war ein Schock für mich. Ich war seelisch nicht darauf vorbereitet, Vater zu werden. Ich fühlte mich nicht erwachsen und reif genug. Klar, ich mochte Beate unheimlich gerne. Wahrscheinlich liebte ich sie auch damals schon. Aber ich fühlte mich überfordert. Mein gesamtes Gefühlsleben geriet in Unordnung. Mal wollte ich das Kind und freute mich. Am nächsten Tag war ich todunglücklich und hätte Beate am liebsten gebeten, das Baby abtreiben zu lassen. Aber ich wußte, das würde sie mir nie verzeihen. Und ich wollte sie nicht verlieren. Ich war in einer scheußlichen Zwickmühle. Zum Schluß glaubte ich, das Kind und die neue Familie würden mir vielleicht helfen, aus dieser Rumflipp-Phase rauszukommen. Lisa sollte ehelich auf die Welt kommen. Wir heirateten im Mai. Standesamtlich. Jetzt gab es keinen Weg zurück. Da mußte ich durch.«
Die erste Trennung ereignete sich drei Monate später. Beate war im sechsten Monat schwanger. Dirk flog für drei Wochen nach Lanzarote, um auszuspannen.
Beate: »Ich fand keine Urlaubsvertretung. Und ich fühlte mich unförmig und unansehnlich. Auf Strandleben und Badeanzug hatte ich keine Lust. Ich verstand aber, daß Dirk Urlaub brauchte. In der ersten Woche telefonierten wir jeden Abend miteinander. Wir führten schöne Gespräche, freundlich und liebevoll redeten wir miteinander. Ganz wie ich es mir erträumt hatte. In der zweiten Woche gab's schon Probleme. Ich wurde unruhig und nervös. Ich wollte ihn nicht kontrollieren, sondern nur mit ihm sprechen. Aber er war tagelang selbst um drei Uhr in der Früh nicht in seinem Hotelzimmer. Ich machte mir Gedanken. In der dritten Woche war er verschollen. Ich war sicher, daß Dirk eine andere Frau kennengelernt hatte.«
Dirk: »Es war mein erster Urlaub ohne Freundin und ohne

Frau. Ich fühlte mich sauwohl. Mir kamen Zweifel, ob meine Entscheidung zu heiraten nicht übereilt gewesen war. Ich verliebte mich. Über die romantischen Sonnenuntergänge und die heitere Urlaubsstimmung vergaß ich meine Treuevorsätze. Ich fühlte mich nicht als Ehemann und angehender Vater.«

Beate: »Als Dirk zurückkam, stritt er alles ab. Ich war wütend, verletzt und enttäuscht. Ich schmiß ihn raus. Samt Koffer, Schallplatten und Möbeln.«

Dirk: »Das war zwar hart, aber trotzdem fühlte ich mich erleichtert. Denn ich wollte meine Urlaubsliebe und meine Freiheit nicht aufgeben. Am liebsten hätte ich alles gehabt: mein neues Verhältnis, Zusammensein mit Beate und meine Freiheit.

Beate wechselte mit mir kein Wort mehr. Ich rief an, aber sie legte auf. Über die Entbindung informierten mich ihre Eltern.

Am Tag nach Lisas Geburt tauchte ich bei ihr auf. Mit einem flauen Gefühl im Magen und Herzklopfen. Ich hatte Angst. Als ich sie sah, schämte ich mich. Ich mußte heulen: vor Scham über das Vergangene, aus Vaterstolz und weil ich spürte, wie sehr ich meine Frau liebte und sie verletzt hatte. Ich kam mir vor wie ein Idiot.«

Beate: »Ich hatte ihn nie wiedersehen wollen. Schon vor der Entbindung war ich beim Anwalt, um mich über die Scheidungsformalitäten zu informieren. Ich wollte raus aus einer Ehe, in der meine Gefühle so wenig respektiert wurden. Aber als er verlegen und unsicher vor mir stand, verrauchte meine Wut. Ich spürte, wie sehr ich ihn liebte.«

Dirk: »Ich zog wieder bei ihr ein, behielt aber meine kleine Single-Wohnung. Beates Eifersucht ging mir auf die Nerven. Dabei hatte sie keinerlei Anlaß dazu. Ich war glücklich mit meiner kleinen Familie.

Beate las mein altes Tagebuch. Ich schrieb darin über alle meine Beziehungen zu Frauen. Neben der Urlaubsaffäre gab es auch noch andere. Davon wußte Beate nichts. Sie war stinksauer und ich wütend. Ihr Verhalten empfand ich als Vertrauensbruch. Ich zog wieder aus, durfte aber Lisa besuchen. So lief das vier Monate lang. Vier Monate, in denen Beate kaum ein Wort mit mir sprach. Trotzdem spürte ich, daß noch nicht alles verloren war. Aber ich wollte mir und uns Zeit lassen.
Nach vier Monaten Trennung lud ich Beate zum Abendessen ein. Ich war überrascht, daß sie zusagte. Es war ein harmonischer Abend, und zum ersten Mal seit mindestens sieben Monaten schliefen wir miteinander. Es war schön. Aufregend. Am nächsten Morgen kündigte ich meine Wohnung. Meine Freiheitsträume legte ich zu den Akten.
Ich bin erwachsen geworden. Ohne die Trennungen hätte ich nie begriffen, wie wichtig mir Beate und Lisa sind. Jetzt genieße ich die Verantwortung für sie beide. Ich betrachte meine Familie nicht mehr als Last, sondern als wunderschöne Aufgabe.«

Kapitel II

1 Die Lust an der Trennung – ein neues Phänomen

Früher schimpften die Frauen auf die Männer und stempelten sie als beziehungsunfähige, egoistische und lieblose Machos ab. Diese Männer gibt es immer noch. Aber Frauen dürfen nicht den Fehler machen und sich aus lauter Frust auf den gleichen Weg begeben.

»Ich mag nicht mehr.« »Ich habe null Bock.« »Liebe dauert nicht ewig.« »Wir haben uns auseinander gelebt«. »Beim nächsten Mal wird alles besser.«

Wir leben in einer Zeit, in der die Trennung vom Partner und das Auflösen einer Beziehung von immer mehr Menschen als besondere Chance für den individuellen Wachstumsprozeß betrachtet werden. Wir trennen uns zwar mit einem wehmütigen Gefühl, aber nachdem wir den ersten Schmerz überwunden haben, blicken wir wieder positiv in die Zukunft. Wir haben keine Angst mehr vor der neuen Etappe in unserem Leben. Wir sammeln Erfahrungen, leben als Single, bis wir wieder einen Beziehungsversuch starten.

Uns reizt das Unbekannte, wir haben Lust auf einen neuen Menschen. Manchmal glauben wir, der Überanpassung und Selbstaufgabe in einer Partnerschaft nur durch radikale Selbstbehauptung und verweigernde Abgrenzung begegnen zu können und vergessen dabei, daß es vielleicht

einen Mittelweg gibt. Der Schweizer Psychotherapeut Jürg Willi schreibt in seinem Buch »Koevolution – Die Kunst des gemeinsamen Wachsens«, daß »manche die Ehescheidung schon als einen Leistungsnachweis für Emanzipation ansehen und manche kaum noch erkennen können, worin denn die spezifischen wachstumsfördernden Möglichkeiten dauerhafter Lebensgemeinschaften liegen sollen.«[1]
Doch wo liegt der goldene Mittelweg zwischen längst notwendiger und falscher Trennung?
Wir haben uns daran gewöhnt, daß Beziehungen selten ewig dauern. Neidvoll schauen wir gelegentlich auf unsere Großmütter und Großväter, die meistens nur eine Trennung erlebten – die durch den Tod eines Ehepartners.
Die Trennung wird heute gesellschaftlich akzeptiert und ist nicht mehr wie früher ein unauslöschlicher Makel. Dies ist heute nicht mehr der Fall. Man hat inzwischen auch die positiven Seiten der Trennung erkannt.
Trennungen, Niederlagen, Scheitern von Liebesbeziehungen können zu heilsamen Erfahrungen werden. Wir denken über unsere Wünsche, Ansprüche und Fehler nach. Eine Trennung kann Anlaß sein, lang geplante berufliche Veränderungen in Angriff zu nehmen und alten Ballast über Bord zu werfen. Wir versuchen, einen positiven Nutzen aus dem Erlebten zu ziehen.
Wir haben uns sogar mit dem Gedanken vertraut gemacht, das Scheitern mehrerer Beziehungen zu erleben. In einer Gesellschaft, in der sich das Beziehungskarussell immer schneller dreht, hat die Trennung einen neuen Stellenwert erhalten.
Die 29jährige Visagistin Claudia erzählt: »Trennen ist wie Verlieben. Es gehört einfach zum Leben dazu.« Claudia hat vier Beziehungen hinter sich. Sie lebt allein in einer hübschen Dreizimmerwohnung mitten im Münchner Knei-

penviertel Schwabing. Im Bücherregal stehen esoterische Literatur und psychologische Ratgeber. Claudia ist attraktiv; sie ist schlank, groß, hat langes braunes Haar und grüne Augen. Sie wirkt selbstbewußt und aufgeschlossen.
»Mit Trennung assoziiere ich zuerst Schmerz, Trauer, Verlust, Selbstmitleid und Einsamkeit. Die positiven Gedanken kommen danach. Wenn ich kapiert habe, daß die Entscheidung doch richtig war und ich jetzt frei bin für neue Wege und neue Dinge. Aber mit der Trennung sind auch viele liebe Gewohnheiten zu Ende, ein Verlust, den man zuerst verarbeiten muß.
Ich trenne mich, wenn ich mehr leide, als daß es mir gutgeht; wenn ich keine Chance mehr für ein Zusammenleben sehe, wenn ich alles ausprobiert habe, aber immer noch unglücklich bin.
Ich glaube nicht an ewige Liebe zwischen zwei Menschen. Das ist eine schöne Illusion, ein Trugbild. Die heutige Zeit ist zu schnellebig.
Eine Trennung ist für mich der Beginn eines neuen Lebensabschnitts, meistens verändern sich dann viele Dinge. Das ist gut so, denn stehenzubleiben ist für mich das Schlimmste.«

Tina ist 33, Leiterin eines PR-Büros und seit einem Jahr verheiratet. Sie sagt: »An die Liebe auf immer und ewig glaube ich nicht. Jeder entwickelt sich doch täglich weiter, und man weiß nie, ob die Entwicklung gemeinsam verläuft oder ob man sich auseinanderlebt. Ich trenne mich, wenn ich seelisch und nervlich in einer Beziehung draufzahlen muß.«

Gerd ist 33 und Außenhandelskaufmann. Seine Meinung äußert er folgendermaßen: »Heute trennt man sich viel zu schnell. Besonders, wenn es kriselt. Dann sieht man bei seinem Partner nur die negativen Dinge und kommt schnell zum Schluß, lieber mit einem neuen Menschen sein Glück zu versuchen. Ich glaube, viele Beziehungen gehen heute nicht mehr so tief.«

Eine Trennung erscheint als Chance und sinnvoll, wenn die Entscheidung verantwortlich getroffen wurde, wenn sich erwiesen hat, daß eine Beziehung sich nicht aus den starren Strukturen lösen kann und auch ein gemeinsames Bemühen nichts daran ändern konnte.
Das griechische Wort für Entscheidung heißt »Krisis«. Krisen sind Entscheidungszeiten, die genutzt oder vertan werden können. Wenn wir uns für die Trennung entscheiden, steht in unserer heutigen Zeit die Möglichkeit zur Weiterentwicklung im Vordergrund.
Trennungen sollten aber nicht aus einem falschen Unabhängigkeitsstreben resultieren. Dies ist die Kehrseite des neuen Bewußtseins, das Trennungen nicht mehr per se verurteilt. Es kann leicht geschehen, daß zwischenmenschliche Beziehungen zum Experimentierfeld degradiert werden. Partner leben zusammen nach dem Motto: Klappt die Partnerschaft, dann bleiben wir. Wird es schwierig, dann machen wir uns aus dem Staub.
Wir sind nicht oberflächlicher geworden, aber wir haben gelernt, mit Trennungen umzugehen; wir schützen uns vor allzu großem Schmerz, indem wir gegenüber dem Partner auf Distanz bleiben.

Claudia ist 29 und Visagistin von Beruf. Sie drückt den Sachverhalt so aus: »Ich habe Angst, verletzt zu werden und wieder mit einer Beziehung zu scheitern. Denn jedesmal muß ich wieder zu mir selbst finden und mein eigenständiges Leben neu aufbauen. Also versuche ich, mich nicht zu tief auf einen anderen Menschen einzulassen, und lasse meine innere Alarmanlage immer eingeschaltet. Eigentlich ist das schade, weil ich mich immer weniger öffnen kann. Aber so ist es halt. Ich habe keine Lust, verletzt zu werden und zu leiden.«

Isabelle, 33, Regieassistentin: »Seit einem halben Jahr lebe ich wieder allein. Nach der Trennung von meinem Freund, mit dem ich zwei Jahre zusammenlebte, war ich völlig fertig. Jetzt habe ich mich neu verliebt. Aber ich habe soviel Angst zu scheitern und enttäuscht zu werden, daß ich diese neue Liebe nur auf Distanz lebe. Wenn ich mich allzusehr darauf einlasse, befürchte ich, von meinen Gefühlen überrollt zu werden. Und davor habe ich Angst.«

Die 40jährige Verkäuferin Cornelia meint: »Ich möchte mit einem Mann nur noch Spaß haben. Wird es problematisch, dann trenne ich mich lieber. Ich habe zwei Scheidungen hinter mir. Ich habe die Nase voll.«

Wir haben in eine Beziehung investiert, Hoffnungen gehegt, Gefühle geschenkt und sind gescheitert. Da wir wissen, wie groß die Gefahr der Trennung ist, wenn wir eine neue Beziehung eingehen, verstecken wir uns hinter einer selbsterrichteten Mauer. Viele Partner wehren sich krampfhaft gegen eine gemeinsame Entwicklung, aus Angst, das könne zu einer Auflösung der Beziehung führen. Verliebtheit und eine oberflächliche Bindung wird akzeptiert, aber intensive Liebe wird zum Schreckgespenst, gegen das man sich wehren muß oder das man soweit kontrolliert, daß man jederzeit ohne Schaden aus der Beziehung aussteigen kann.

Das sind die Gefahren, die mit dem neuen Trennungsbewußtsein einhergehen. Es sind Verhaltensmechanismen, die uns daran hindern, je eine erfüllte Beziehung und einen partnerschaftlichen Wachstumsprozeß zu erleben. Dessen sollten wir uns bewußt sein, sonst kommen wir über den egoistischen Konsum von Menschen nicht hinaus. Dann befinden wir uns in einem Teufelskreis und verstricken uns in Ablehnung, Ängsten, Trennungen, aber auch in unseren eigenen Sehnsüchten, die unerfüllt bleiben. Oder wir wagen uns nur noch in eine parasitäre Liebesbeziehung, in der wir mehr bekommen, als wir selber geben.

Ehefrust und Scheidungslust

»Die ganze Welt glaubt, daß eine Frau nicht leben kann, ohne verheiratet zu sein ...« Dieser Ausspruch stammt von Elisabeth I. von England. Er ist vierhundert Jahre alt, könnte aber problemlos gestern oder heute gesagt worden sein. Von Frauen, die abends bei einer Flasche Wein zusammensitzen und über Frausein, Beruf oder Partnerprobleme diskutieren. Von Frauen, die sich scheiden lassen wollen, allein leben oder gerade eine Trennung hinter sich gebracht haben. Von Frauen, denen Beruf, Haushalt, Ehe und Mutterrolle über den Kopf wachsen. Von Frauen, die sich nicht mehr perfekt in die ihnen zugedachte Rolle fügen wollen. Immer mehr Frauen in der Bundesrepublik, den europäischen Nachbarländern und den Vereinigten Staaten emanzipieren sich. Sie wehren sich gegen das Klischee, daß Ehe und Familie die einzige glücklich machende Lebensform sei. Sie suchen nach Alternativen, weil sie in ihrer Partnerschaft nicht mehr zufrieden sind und sich nicht verstanden fühlen. Sie ersetzen die Zweisamkeit durch Befriedigung in der Arbeit oder den Spaß eines ungebundenen, freien Singlelebens. Sie trennen sich vom Partner oder reichen die Scheidung ein, wenn ihr Gefühl, in der Beziehung auf Dauer zu kurz zu kommen, unerträglich wird.

Dennoch bleibt das Bild von der heilen Familie und der Ehe bis zum Tode noch tief in unser Bewußtsein eingegraben. Ehe und Familie gelten heute als vorrangiges Lebensziel. So werden wir erzogen. Mädchen sollen eine verständnisvolle Ehefrau und gute Mutter abgeben. Schulausbildung und berufliches Erfolgsstreben werden in ihrer Bedeutung hinter der Ehe eingestuft, nach der Heirat als nebensächlich angesehen. Das wird nach wie vor den jungen Männern eingebläut. Sie wachsen mit der Ernährerrolle und Karrieregedanken auf. Mädchen lernen, daß eine Frau sich ganz ihrer Familie widmen und ihr Gehalt als pekuniäres Zubrot zur Haushaltskasse betrachten soll. Die meisten Frauen heiraten mit 25 Jahren, die Männer mit 28 Jahren.

Bei einer repräsentativen Untersuchung der Gesellschaft für rationelle Psychologie aus München aus dem Jahr 1990 wurden 2739 18- bis 24jährige befragt. Danach ziehen nur 25 Prozent der jungen Erwachsenen ihre Unabhängigkeit dem Familienleben vor. 51 Prozent halten Liebe und Partnerschaft für das Wichtigste in ihrem Leben.

Aus einer 1990 durchgeführten repräsentativen Befragung des Instituts für Entwicklungsplanung und Strukturforschung an der Universität Hannover ergab sich, daß unter 6500 14- bis 21jährigen aus Niedersachsen 80 Prozent dem Hafen der Ehe zustreben. 93 Prozent wünschen sich Kinder.

»Die Ehe«, so steht es im Bürgerlichen Gesetzbuch, »wird auf Lebenszeit geschlossen.« Die Grundlage hierfür stammt aus einer Zeit, in der es noch keine Liebesheirat gab. Liebe ist etwas, das sich nicht in Gesetzen festschreiben läßt. Immer weniger Frauen heutzutage sind mit zu-

nehmendem Alter bereit, auf Selbstentfaltung zu verzichten, wenn sie sie in ihrer Partnerschaft nicht leben können oder das zumindest glauben. Hieraus können Krisen entstehen, die Gefühle oft nicht überleben.
Oberflächlich hat sich in den letzten Jahrzehnten an der Vorstellung, wie eine Frau zu sein hat, welche Bedürfnisse und Lebensziele gesellschaftlich akzeptiert sind, vieles geändert: Es gibt eine wachsende Anzahl von Karrierefrauen, die mit ihrem Erfolgsstreben den Männern nacheifern. Der Frankfurter Personalberater Carl H. Liebrecht befragte 402 Managerinnen zum Thema »Spannungsfeld zwischen Familienleben und Karriere«. Bei jeder zweiten Top-Verdienerin lag die Priorität langfristig in der Karriere. Nur 14 Prozent setzten gleichzeitig auf Berufs- und Familienleben. Seit 1976 steigt die Zahl der erwerbstätigen Frauen ständig. Heute gehen 37 Prozent aller Frauen einem Beruf nach. Aber nur rund zwei Prozent der Frauen verdienen netto 5000 Mark und mehr im Monat. Nur elf Prozent der Frauen, aber 20 Prozent der Männer machen Karriere. Top-Karrieren machen zwei Prozent der Frauen und acht Prozent der Männer. Das ermittelte die Gesellschaft für rationelle Psychologie aus München 1990 in einer repräsentativen Untersuchung, bei der 2567 berufstätige Frauen zwischen 18 und 63 Jahren befragt wurden. Die Karrierewünsche der Frauen sind aber wesentlich höher: 43 Prozent der Frauen möchten Karriere machen, allerdings nicht auf Kosten der Familie. Elf Prozent wollen das ohne jede Einschränkung.
Es gibt viele Frauen, die versuchen, Job, Privatleben und Kinder unter einen Hut zu bringen. Es sind Frauen, die allen Rollenvorstellungen gerecht werden wollen und irgendwann unter der Last ihrer Ansprüche zusammenbrechen. Sie wollen dem idealtypischen Leitbild gerecht werden, daß eine Frau Karriere, Partnerschaft und Kinder

miteinander vereinbaren kann. Aber so sieht die Wirklichkeit leider nicht aus.
Einer Studie des BAT-Freizeit-Forschungsinstituts in Hamburg aus dem Jahr 1989 zufolge haben Frauen trotz Arbeitszeitverkürzung und mehr Urlaub immer weniger Zeit für ihre persönliche Entfaltung. Fast zwei Drittel der Frauen sind am Samstag mit dem Haushalt beschäftigt. Vor dreißig Jahren traf dieses Schicksal noch nicht einmal jede zweite Frau. Frauen arbeiten heute in der gleichen Zeit mehr als ihre Mütter, trotz Waschmaschine, Wäschetrockner, Tiefkühltruhe, Geschirrspüler und Mikrowelle. Sie haben durchschnittlich nur drei Stunden Freizeit pro Tag, das Wochenende eingerechnet.

Ute, 40, von Beruf Einkäuferin, sagt: »Ich laufe immer mit schlechtem Gewissen durch die Gegend. Wenn ich daheim bin, quält mich der Gedanke, daß im Job etwas schieflaufen könnte. Während der Arbeit denke ich an meine Tochter Lisa, die in der Tagesstätte von Erzieherinnen anstatt von ihrer Mutter betreut wird. Wenn ich um sieben Uhr abends nach Hause komme, geht für mich der tägliche Wahnsinn weiter. Ich muß die Wohnung aufräumen, kochen, mit Lisa spielen und meinem Mann Ehefrau und Geliebte sein. Manchmal kann ich nicht mehr. Dann hocke ich mich ins Badezimmer, schließe die Tür ab und heule mich aus.«

Die 28jährige Sekretärin Connie erzählt: »Ich beneide meinen Mann. Der kommt nach Hause und legt die Füße hoch. Und wenn er mal mit dem Staubsauger durch die Wohnung fetzt, dann ist er stolz wie Oskar und läßt sich von mir loben. Kapiert der nicht, daß ich den doppelten Streß habe? Ich arbeite ganztags, und an mir bleiben noch die meisten häuslichen Aufgaben hängen.«

Immer mehr Frauen brechen aus den alten Lebensschemata aus. Manche sind zu strikten Ehegegnerinnen geworden und propagieren das Singleleben. Rund sechs Millionen Frauen leben in der Bundesrepublik allein, aber nur drei Millionen Männer. 800 000 Frauen ziehen ihre Kinder allein groß.

Die 35jährige Heilpraktikerin Christa, Mutter von zwei Kindern, ließ sich nach zehn Ehejahren scheiden. »Ich spürte, mein Leben lief an mir vorbei. Es war zu sorglos, zu rosarot. Mein Mann Günter verdiente das Geld, ich war für Haushalt und Kinder zuständig. Aber ich fühlte mich mehr und mehr unausgefüllt. Wie eine Aufziehpuppe, die nur nach Schema funktioniert. Das ›Wie‹ bestimmte Günter. Nach einer Affäre mit meinem Tennislehrer ließ ich mich scheiden. Meine Kinder ziehe ich allein groß, ich habe einen Beruf erlernt und bin glücklich, auch wenn ich finanziell viel schlechter dastehe als früher. Aber mein Leben gehört wieder mir.«

Irene, 28, Bürokauffrau, ein Kind, Scheidung nach acht Ehejahren: »Für Stefan und unser Kind gab ich meinen Beruf auf. Ich war stolz auf unsere kleine Familie. Erst viel später merkte ich, daß ich Beruf und Anerkennung vermißte.«

Karin, 34, Modedesignerin: »Ich habe zwei gescheiterte, langjährige Beziehungen hinter mir. Immer gab es die gleichen Probleme. Ich war viel gestreßter, als wenn ich allein gelebt hätte. Alle häuslichen Pflichten blieben an mir hängen. Jetzt haben mein Freund und ich zwei eigene Wohnungen.«

Die Initiative zur Trennung und Scheidung geht immer häufiger von Frauen aus, je nach Sozialschicht zu 64 bis 76 Prozent. Das ermittelte die Münchner Gesellschaft für rationelle Psychologie im Jahr 1989 in einer repräsentativen Untersuchung unter 3284 verheirateten und ohne Trauschein zusammenlebenden Paaren. Fachleute sprechen von einem Scheidungsboom und Hochkonjunktur für Scheidungsanwälte. Die Statistiker zählen jedes Jahr rund 130 000 Ehescheidungen und rund 100 000 Scheidungswaisen. Wenn Paare heute auseinandergehen, dann passiert das frühzeitig. Die meisten Ehen werden nach fünf Jahren geschieden, wobei sie schon nach dem dritten Jahr scheitern. Die Differenz zwischen Scheitern und Scheidung kommt durch das Trennungsjahr und länger werdende Gerichtsverfahren zustande. Auf drei Eheschließungen kommt eine Scheidung.

Etwa die Hälfte der Frauen und 70 Prozent der Männer heiraten nach einer Scheidung wieder, manche Männer sogar mehrmals. Kein Wunder, daß Eheverträge selbst unter schlichten Normalverdienern immer häufiger in Mode kommen. Die Deutsche Arbeitsgemeinschaft für Jugend- und Eheberatung schätzt, daß in der Bundesrepublik heute ungefähr 2,6 Millionen Familien leben, in denen wenigstens ein Partner bereits eine andere Ehe hinter sich hat.

Ehe und Scheidung sind keine Errungenschaften der Neuzeit. Schon vor 4000 Jahren, während der ersten ägyptischen Hochkultur, gab es Paragraphen, die Ehe und Scheidung regelten. Sie waren in Papyri geritzt. So wurde damals eine Frau auf dem Scheiterhaufen verbrannt, wenn sie fremdging. Und wenn der Mann sie schnöde davonjagte, mußte er ihr eine Entschädigung zahlen.

Bei den Assyrern war das Scheidungsrecht in Stein gemeißelt. Aber auch dort kam der Mann besser weg als die Frau.

Er konnte sich mit sechs Körben Weizen seiner ehelichen Fesseln entledigen, aber die Frau wurde mit dem Tode bestraft, wenn sie ihren Mann verließ.

Auch die alten Germanen schlossen Ehen, und sie kannten die Ehescheidung aufgrund einer einseitigen Scheidungserklärung des Mannes. Die Frau konnte die Ehe nicht einseitig lösen.

Nach der Christianisierung Deutschlands wurde die Ehe unter dem Einfluß des katholischen Kirchenrechts für unauflöslich erklärt. Im Mittelalter wurde nicht geschieden, sondern getötet. Eine Frau, die bei einem Seitensprung erwischt wurde, durfte mit kirchlichem Segen vom Ehemann, vom Bruder, vom Vater oder Sohn umgebracht werden.

In der Reformationszeit gestattete die Obrigkeit in den deutschen protestantischen Ländern Scheidung wegen Ehebruchs oder anderer schwerer Verfehlungen. In den katholischen Ländern jedoch blieb die Scheidung weiterhin unzulässig.

Im Jahre 1875 wurde durch Gesetz in allen Gegenden Deutschlands die Scheidung zugelassen. Eine Scheidung war aber nur bei Ehebruch oder einer anderen gravierenden Verfehlung möglich.

Die entscheidende Änderung, die erste Abkehr vom Schuldprinzip, brachte das Ehegesetz von 1938. Erstmals konnte nach drei Trennungsjahren auch ohne Schuldausspruch geschieden werden.

Mitverantwortlich für den Trennungsboom in der Bundesrepublik ist das neue Scheidungsrecht, das mit der Eherechtsreform 1977 in Kraft trat. Das Schuldprinzip wurde gänzlich zugunsten des Zerrüttungsprinzips ad acta gelegt. Bis dahin hatte derjenige, der die Ehe brach oder den Partner »böswillig« verließ, keinen Anspruch auf Unterhalt und Altersversorgung. Der Staat spielte Voyeur, das Auge des Gesetzes ruhte auf jedem Beischlaf. Bezeichnenderweise wurde Ehebruch ursprünglich nur bei der Frau geahndet. Bis 1969 bedrohte der Staat den Sex-Sünder sogar mit einer Gefängnisstrafe bis zu sechs Monaten. Und wer verurteilt war, durfte den Partner, mit dem er die Ehe gebrochen hatte, nicht heiraten.

Viele Frauen blieben bei ihren ungeliebten Ehemännern, weil sie sich ein Leben ohne sie nicht leisten konnten. Sie waren nicht im gleichen Maße berufstätig wie heute und durch eine »schuldhafte« Scheidung hätten sie den Anspruch auf Unterhalt verloren und die Teilung der Rentenansprüche verwirkt.

Das Zerrüttungsprinzip brachte drei grundsätzliche Neuerungen: Jede Ehe kann inzwischen bis auf wenige Ausnahmefälle auch gegen den Willen des Partners geschieden werden. Es gibt keine Schuldzuweisungen mehr. Der finanziell Stärkere muß den Schwächeren unterstützen, und die während der Ehe erworbenen Rentenansprüche müssen in jedem Fall geteilt werden.

Dieser rechtliche Befreiungsschlag von 1977 zugunsten der Frauen war ein Ergebnis einer stürmischen Epoche, die vom Siegeszug der Pille, der sexuellen Revolution und dem neuen Selbstbewußtsein der Frauen gekennzeichnet ist. In den siebziger Jahren verkündeten Frauen den Entschluß, selber um ihre Befreiung zu kämpfen durch Bildung autonomer Gruppen, forderten ein Recht auf den eigenen Körper, protestierten gegen den Abtreibungsparagraphen.

Der vom Gesetz garantierte uneingeschränkte Unterhaltsanspruch der Frauen wurde von vielen Männern mit einem Aufschrei des Entsetzens zur Kenntnis genommen. Denn jetzt mußten sie auch zahlen, wenn ihre Frau dem Ehemann den Tennislehrer oder das Singleleben vorzog. Daß Frauen

sich diesen Anspruch redlich durch Verzicht auf Berufsausübung, durch Haushaltsführung und Kindererziehung verdient hatten, wurde nicht akzeptiert.
Politiker und Richter führten daher 1986 klammheimlich das Schuldprinzip teilweise wieder ein. Grob unbilliges Verhalten konnte jetzt wieder die Aberkennung des Unterhalts zur Folge haben. Der Unterhalt konnte ebenfalls gekürzt werden, wenn die Frau nach der Scheidung mit einem anderen Mann zusammenlebte. Trotz der wieder gestiegenen finanziellen Abhängigkeit für nicht berufstätige Ehefrauen hat sich am Scheidungsboom bis heute nichts geändert. Für das Jahr 2000 prophezeit eine Wiener Studie in Europa eine Scheidungsrate von 85 Prozent. Die Frauen von heute trennen sich lieber, als ihr Leben in einer unbefriedigenden Ehe oder Partnerschaft zu verbringen.

Auf der Suche nach dem Märchenprinzen

Svende Merian hat mit ihrem Buch »Tod des Märchenprinzen« unsere Achillessehne getroffen. Wir haben ein Bild, einen Traum, eine Illusion, eine Vision, wie ein Mensch zu sein hat, den wir uneingeschränkt und offen lieben können, die tief in unser Gehirn eingemeißelt ist und in unserem Herzen schlummert. Irgendwo muß er doch stecken? Wir müssen nur lange genug suchen.
Wenn wir bestimmten Männern begegnen, sind es manchmal Kleinigkeiten, die uns unbewußt an unser Traumbild erinnern. Ihre Art zu lachen, die Art, wie sie sich bewegen, ihre Ansichten oder ihr Aussehen. Sie scheinen geeignet, unsere Sehnsucht zu erfüllen. Die Sehnsucht nach dem Traummann.

Svende Merian, eine politisch linksorientierte 24jährige Frau, will gerne den unmännlichen Mann kennenlernen. Sie möchte mit ihm über die Frauenfrage und Verhütung diskutieren, möchte aber auch Romantik erleben, wenn ihr danach ist. Aber ihr Märchenprinz auf dem Prüfstein kann nur verlieren, da sie ihn an ihrem Klischeebild mißt und ihn nicht als Mann mit eigenen Erwartungen und Erfahrungen wahrnimmt. »Mir wird klar, wie ich Arne hochstilisiert habe: Der Mann, der eine ganz andere Sexualität hat als andere Männer! Einen Scheißdreck hat er. Er geht genauso auf Aufreiße wie andere Typen. Er ist sehr viel zärtlicher als andere Männer. Ja, das ist er wirklich. Aber ansonsten ist er ein Mann wie jeder andere. Ein Mann. Und kein Märchenprinz.«[2]

Männer müssen das perfekte seelische Pendant zu uns sein. »Die Suche nach dem Spitzenmann, in den sie sich verlieben können, ist bei Frauen heutzutage epidemisch«, schreibt Colette Dowling in ihrem Buch »Perfekte Frauen«. Unser Märchenprinz muß Ansichten haben, die wir voll akzeptieren können. Er muß uns Liebe und Nähe geben, darf uns aber nicht einschränken. Wir wollen umsorgt, aber nicht versorgt werden. Er soll uns als stark anerkennen, wenn wir uns so fühlen, aber auch wissen, wann wir schwach sein möchten. Er soll uns nicht auf der Hausarbeit sitzen lassen, aber kein Hausmann sein. Er darf kein Macho, aber auch kein Softie sein.

Ist es nicht so, daß wir oft ein Raster in unserem Kopf haben und Menschen nach diesem Wunschbild abchecken? Da niemand vollkommen ist, werden wir immer Macken entdecken und uns entweder enttäuscht abwenden oder versuchen, den Mann doch noch zu unserem Traumbild umzumodellieren. Wir versuchen es in unserer Vorstellung und auch in der Realität. Aber wir müssen dabei scheitern,

weil wir irgendwann der Wahrheit ins Gesicht sehen müssen: Er ist nur ein Mann, und er ist nicht vollkommen.
Wir Frauen haben uns emanzipiert. Dies war eine wahre Sisyphus-Arbeit. Wir haben uns nicht nur gegen den Mann, sondern auch gegen uns selbst durchgesetzt. Gegen die Rollenerwartungen, die uns in unserer Kindheit eingetrichtert wurden und denen wir immer noch auf Schritt und Tritt begegnen. Wir sind heute nicht nur froh, einen Mann zu haben, der mit uns eine Familie gründet und uns versorgt, lieb und nett ist und abends möglichst zeitig von der Arbeit nach Hause kommt. Das alte Ideal der großen Liebe als Hauptlebensinhalt der Frau gilt nicht mehr. Nein. Diese Zeiten sind vorbei. Wir sind anspruchsvoll geworden und haben ein eigenes Bild von dem Mann, der der richtige ist, der eine Entwicklung zuläßt. Aber wir müssen uns davor hüten, nur in unser Traumbild verliebt zu sein, denn sonst werden wir eine Kette von Enttäuschungen, mißlungenen Beziehungen und Trennungen erleben, an der nicht die Männer, sondern wir selbst die Schuld tragen.

2 Das war es mal wieder – Stufen der Trennung

Nach jeder Trennung suchen wir uns selbst. Jede Trennung verändert uns und führt uns in einen neuen Lebensabschnitt.

Ich treffe Gudrun zum Abendessen in einem kleinen italienischen Restaurant. Es ist unsere Stammkneipe in München. Hier haben wir, wenn man alles zusammenrechnet, schon Wochen verbracht und über Männer, Partnerschaft, Liebe und Karriere philosophiert. Gudrun scheint fröhlich zu sein, sie lacht, witzelt herum und schaut mit kokettem Augenaufschlag den braungebrannten, gutaussehenden Mann am Nebentisch an. »Ist das nicht ein toller Mann?« Gudrun strahlt, riskiert noch einen Blick und erzählt mir die neuesten Storys von Männern, die sich gerne mit ihr verabreden würden. Sie hat sich herausgeputzt mit einer windschnittigen Gelfrisur, großen silbernen Ohrringen und schwarzem Outfit.

Gudrun ist eine erfolgreiche Anlageberaterin, 32 Jahre alt und nicht verheiratet. Ein Typ von Karrierefrau, nach der sich Männer umdrehen. Aber heute ist Gudrun anders als sonst. Ich spüre, daß sich hinter ihrer fröhlichen Fassade Traurigkeit verbirgt. Zu oft streicht sich Gudrun durch ihre kurzgeschnittenen Haare, sie lacht zu laut und wirkt hektisch. Unter ihren Augen liegen leichte dunkle Schatten.

Gudrun hat sich von ihrem Freund getrennt. Nach drei Jahren und zwei Monaten. Vor einem Monat ist sie aus der gemeinsamen Wohnung ausgezogen. »Ich halte es einfach nicht mehr aus. Wir verstehen uns nicht mehr«, erklärte Gudrun.

Ich kenne all die Dramen, die sich in den letzten Monaten abgespielt haben. Die Versöhnungsszenen, die Streitigkeiten. Ich habe Gudrun weinend und verzweifelt erlebt, aber auch aufgekratzt und zuversichtlich. Ich kenne die Vorwürfe, die ihr Freund Dieter ihr gemacht hat: daß sie zuviel an die Karriere, aber zu wenig an ihn denke; ich weiß von dem Streit, der ausbrach, wenn sie abends ausgehen wollte, er aber gemütlich vor dem Fernseher hocken mochte. Die Diskussionen, ob sie nicht doch heiraten und ein Kind bekommen sollten. Aber all die Anstrengung war umsonst. Wieder ist eine Beziehung am Ende. Gudrun und Dieter haben sich voneinander verabschiedet, dividieren ihre Leben auseinander und durchleben alle Stufen der Trennung. Gudrun erzählt:

»Ich weiß, daß meine Entscheidung richtig war. Ich habe mir das in den letzten Monaten immer wieder überlegt. Bei Dieter fühlte ich mich unverstanden und unfrei. Wir sind zu verschieden. Für ihn sind Äußerlichkeiten so wichtig. Ich glaubte immer, ich könnte ihn ändern. Das war wohl mein Fehler. Trotzdem fühle ich mich hundeelend. Manchmal glaube ich jetzt, ich habe etwas weggeworfen, was mir wichtiger war, als ich es selber zugeben will. Ich sitze abends in meiner Wohnung und denke an unsere gemeinsamen Urlaubsreisen. An unsere erste Asienreise, als wir auf den Philippinen in einer winzigen Bambushütte am Strand wohnten und überglücklich waren. Wie wir gemeinsam Hand in Hand bei Sonnenuntergang am Strand

entlangliefen oder auf unserer Terrasse Backgammon spielten. Hört sich bescheuert an, in solch kitschigen Erinnerungen zu schwelgen, aber manchmal frage ich mich: Was ist eigentlich passiert? Warum klappt es nicht, obwohl wir uns doch mal so liebten?
An manchen Tagen schrecke ich zusammen, wenn das Telefon klingelt. Ich zittere, habe Angst und hoffe auch gleichzeitig, daß Dieter sich bei mir meldet. An anderen Tagen geht es mir wieder bestens. Da lache ich, gehe aus und bin überglücklich, den Streß endlich vom Hals zu haben. Dann mache ich Pläne. Dann wiederum tigere ich vor meinem Telefon umher und muß mich zusammenreißen, um ihn nicht anzurufen. Ich glaube, das ist ganz schön pervers.
Was mir Kraft und Mut gibt, ist mein Wissen, daß nach ein paar Wochen oder spätestens ein paar Monaten dieser seelische Streß vorbei sein wird. Dann habe ich die Trennung überwunden und lebe wieder mein eigenes Leben. Ohne Dieter, ohne Sehnsüchte, Selbstvorwürfe und Hoffnungen. Manchmal wünsche ich mir, es wäre schon soweit.«

Im Laufe unseres Lebens bewegen wir uns ständig vorwärts. Wir verlieben uns, entlieben uns, lassen uns scheiden – reihen eine Kette von Trennungen aneinander. Egal wie cool wir sind oder scheinen wollen, ob wir Gesprächsrunden für Geschiedene oder Selbsterfahrungsgruppen für Verlassene besucht haben, ob wir in Workshops, Meditationsgruppen oder esoterischen Wochenendveranstaltungen zum Kern unserer Persönlichkeit vorgedrungen sind, wir erleben Trennungen zuerst immer als Verlust.
Verlust, so definiert der große Brockhaus sachlich, ist »der negative Erfolg eines Unternehmens«. Er liegt vor, wenn in einem Zeitraum der Aufwand größer ist als der Ertrag. Wir

leiden unter dem Verlust unserer Träume und Hoffnungen. Wir müssen uns von liebgewonnenen Gewohnheiten verabschieden: von den gemeinsamen Einkäufen am Wochenende, von den gemütlichen Abenden, den Telefonaten während der Arbeitszeit, bei denen man nur mal schnell die letzte Neuigkeit loswerden wollte. Von gemeinsamen Urlaubsreisen . . .

Egal ob man sich getrennt hat oder verlassen worden ist, beide Partner müssen diesen Verlust verarbeiten. Der Partner, der die Beziehung beendete, kann ebenso schwer leiden und Ängste haben wie der Verlassene.

Wenn es überhaupt eine gute Ausgangsposition für die Trennung vom Partner geben kann, so ist es die des freiwillig Verlassenen, denn der hat sich bereits emotional von der Beziehung gelöst, während er noch offiziell mit dem Partner zusammenlebte. Die Trennung ist dann nur noch der physische Vollzug einer schon längst gefühlsmäßig getroffenen Entscheidung.

Trennungen vollziehen sich immer nach einem ähnlichen Muster. Zuerst gibt es die Krise in der Beziehung, bei der sich zumeist ein Partner merklich oder heimlich aus der Partnerschaft davonzustehlen versucht. Während dieser Zeit kann es etliche Rettungsversuche geben. Man kehrt die Probleme unter den Tisch, bemüht sich, fährt gemeinsam in Urlaub. Dann erfolgt die Trennung, begleitet von einer ganzen Palette von Ängsten und Schuldzuweisungen. Dann endlich gewinnt man innerlich Abstand zum Partner und kann sich neu orientieren.

Auch wenn wir uns in unserem Leben schon häufig getrennt haben oder verlassen worden sind, durchleben wir dennoch jede Stufe der Trennung bei jedem Verlust erneut – manchmal im Eilschritt, manchmal im Schneckentempo. Die Geschwindigkeit hängt von jedem einzelnen ab. Sie richtet sich danach, wie viele Gefühle wir in eine Beziehung investiert hatten, wie verletzt wir uns fühlen und wie stark unsere Liebesgefühle zum Zeitpunkt der Trennung noch sind.

Die Krise

»Ich spürte, wie er sich mir entzog. Und ich stand hilflos da und konnte nichts dagegen machen. Ich habe versucht, seine Aufmerksamkeit auf mich zu lenken, habe besonders liebevoll den Tisch gedeckt, mich chic angezogen, geschminkt. Ich wollte für ihn begehrenswert und verführerisch sein. Aber es half nichts, es war so, als würde er über mich hinwegschauen. Ich habe sogar zeitweise meinen Mund gehalten, auch wenn mich der Ärger fast umbrachte und wenn ich ihm am liebsten ins Gesicht geschrien hätte, was für ein mieser Typ er sei.
Er reagierte nie darauf. Zu Hause verkroch er sich in seinem Arbeitszimmer. Er weigerte sich, mit mir über unsere Probleme zu diskutieren. Immer öfter kam er spät nach Hause. Alles andere war ihm wichtiger: seine Freunde, seine Arbeit, Sport, die Tageszeitung, Fernsehen – ich kam ganz zum Schluß.
Abends, wenn wir nebeneinander im Bett lagen, drehte er sich zur Seite. Auf meinen Gutenachtkuß, meinen zaghaften Versuch, mit ihm zu schmusen, reagierte er schroff und abweisend. Ich fühlte mich unendlich verletzt.
Dann fing ich an, mich aufzulehnen, mich zu wehren. Ich schrie ihn an, beschimpfte ihn, blieb ebenfalls nachts lange weg. Er mußte doch irgendwann reagieren? Mir war es gleich, ob er eifersüchtig, sauer oder wütend wurde. Hauptsache, er reagierte endlich. Aber ich rannte nur gegen

eine Wand aus Beton. Er wollte sich trennen, wollte weg von mir, und je mehr ich mich um die Beziehung bemühte, um so energischer kämpfte er dagegen. Ich hatte keine Chance.«

Das ist die Geschichte der 36jährigen Margit. Aber viele Beziehungskrisen laufen ähnlich ab. Einer der Partner fühlt sich in seiner Beziehung unwohl, der Lebensrahmen paßt ihm nicht mehr. Er ist unzufrieden und glaubt, daß die Quelle seiner Unzufriedenheit in der Partnerschaft begründet liegt. Zuerst ist das sein Geheimnis, ein Geheimnis, das zwischen den beiden Partnern steht.

Die Ablösung, die Flucht aus der Beziehung ist zunächst ein stiller, einseitiger Prozeß, in dem der unzufriedene Partner Entwicklungen in der Beziehung überdenkt, versucht, seine eigenen Gefühle auszuloten, und sich mit dem Gedanken vertraut macht, wie ein Leben ohne den anderen aussehen könnte.

Natürlich gibt es in jeder Beziehung immer wieder Phasen der Unzufriedenheit. Aber bei dieser Art von Unzufriedenheit richtet sich alles gegen den Partner – ganz egal, wie er sich verhält. Derjenige, der sich trennen möchte, geht auf Distanz und errichtet eine Kluft zwischen sich und dem anderen. Frustriert, weil er die Zufriedenheit nicht mehr in seiner Beziehung findet, fixiert er sich auf die negativen Aspekte der Beziehung und wertet die positiven ab.

Da der Trennungswunsch und die Unzufriedenheit aber noch ein Geheimnis sind, reden die Partner nicht miteinander über diese Entwicklung. Beide spüren nur, daß etwas nicht stimmt: der liebevolle Blick, das Interesse für den anderen bleiben aus, Termine werden abgesagt, die Freude, den Partner zu sehen, verschwindet.

Manchmal sollen diese Handlungen auch auf seelische Probleme und die Trennungsgedanken aufmerksam machen. Es sind Versuche, die Beziehung doch noch zu retten. Der unzufriedene Partner kritisiert die störenden Verhaltensweisen des anderen. Beispielsweise die wenige gemeinsame Freizeit, die Art des Sexuallebens, übermäßigen Alkoholkonsum, die Freunde, mangelnde gemeinsame Ziele. Die Unzufriedenheit mit der Beziehung wird auf Kleinigkeiten oder Verhaltensweisen des Partners geschoben. Man hofft, alles wäre wieder beim alten, wenn der Partner endlich diese Dinge einstellte.

Beim Partner kommen die Beschwerden des Unzufriedenen aber nur bruchstückartig an. Er glaubt, wenn er beispielsweise wieder mehr Zeit hätte, hörte die ständige Kritik des anderen auf. Aber da das Geheimnis immer noch ein Geheimnis ist, gärt das eigentliche Problem unter der Oberfläche weiter.

Wenn der Unzufriedene merkt, daß sich nichts ändert, sucht er sich Bestätigung und Zufriedenheit außerhalb der Beziehung. Darunter fallen Seitensprünge, d. h. die Bestätigung durch einen anderen Mann oder eine andere Frau, daß man ein begehrenswerter, attraktiver Partner ist. Der Unzufriedene verhält sich zu Hause abweisend, und wenn der Partner darauf ebenfalls mit Rückzug reagiert, entsteht ein Teufelskreis fortschreitender Entfremdung.

Damit wird endgültig die Schuld an der eigenen Beziehungsunzufriedenheit auf den anderen Partner geschoben. Man fühlt sich im Recht, da doch alle anderen Menschen dieses Gefühl bestätigen. Unsere Neigung, in einer Krisensituation den Partner und die Beziehung negativ zu sehen, verstärkt sich noch, wenn wir auf einen neuen, attraktiven Menschen treffen. Dann ziehen wir Vergleiche, denen die Beziehung nicht standhalten kann.[3]

In dieser Situation beginnt derjenige, der sich lösen will,

seinen Unmut über die Beziehung auch gegenüber anderen zu äußern. In Gegenwart von Dritten verhält er sich dem Partner gegenüber desinteressiert, beachtet ihn wenig und bringt vielleicht sogar Ablehnung zum Ausdruck.
Aktion und Reaktion treiben die Partner immer weiter auseinander, und die Beziehung verliert an Substanz, da man wenig Zeit und Energie in gemeinsame Aktivitäten steckt.
Dieter erlebte die Krise und den Ablösungsprozeß völlig anders als seine Ex-Freundin Margit.
»Ich fragte mich immer, wieso sie nicht merkt, wie unglücklich ich bin. Ich habe ihr immer wieder Hinweise gegeben. Ich wollte, daß sie mehr auf mich und meine Probleme eingeht. Ich sagte ihr, tu doch mal etwas für mich. Aber es nützte nichts, ich fühlte mich immer unglücklicher. Irgendwann wuchs in mir die Idee, daß ich aus dieser Beziehung raus wollte. Wenn ich mit meinen Arbeitskollegen ausging und in einer Kneipe oder Diskothek war, blühte ich regelrecht auf. Da war ich witzig, guter Dinge und lachte viel. Daheim war das nicht mehr möglich.
Und ich spürte, daß andere Frauen an mir interessiert waren. Sie machten mir Komplimente und fanden mich anziehend. Immer öfter ergriff ich die Flucht von daheim und hatte auch ein Verhältnis. Diese Frau verstand meine Probleme und bestätigte mich in meinen Trennungsabsichten. Das tat mir gut.
Im nachhinein weiß ich, daß ich nichts Schönes mehr in meiner Beziehung zu Margit sehen wollte. Wenn sie Abendessen kochte, was ich früher sehr liebte, nervte es mich, weil ich auf meine Linie achten mußte. Und irgend etwas störte mich immer: Mal hatte sie vergessen, mein Lieblingshemd von der Reinigung abzuholen, dann störte es mich, wenn sie mit anderen Typen ausging, aber es

nervte mich auch, wenn sie daheim auf mich wartete. Ich wollte mich nicht mehr umstimmen lassen.«

Während des Trennungsprozesses malen wir uns ein negatives Bild vom Partner, da wir den Verlust für uns so akzeptabler machen. Alles, was wir tun, unser liebloses Verhalten, die Seitensprünge rechtfertigen wir vor uns, indem wir die vermeintlich schlechten Aspekte unserer Beziehung in den Vordergrund rücken. Das tut uns gut, beruhigt uns und hilft bei dem Verarbeitungsprozeß. Aus diesen Gründen ist der Unzufriedene geradezu zwanghaft damit beschäftigt, Rückschau zu halten. Er konstruiert eine unglückliche gemeinsame Geschichte. Denn er muß den Menschen, den er aufgeben will, vor seinem inneren Auge als Partner ungeeignet erscheinen lassen.[4]

Sind alle Vor- und Nachteile gegeneinander abgewogen, kommt der Partner, der den Trennungswunsch hegt, zu der Überzeugung, daß die Selbstverantwortung Vorrang vor der Verantwortung gegenüber dem anderen hat. Jetzt beschäftigt sich der Unzufriedene nur noch mit der Frage, wie er die Beziehung so beenden kann, daß er nicht als Schuldiger dasteht.

Abschied

Wir nehmen nicht so leicht Abschied von einer Beziehung, die ja auch immer eine selbsterschaffene Welt ist. Wir klammern uns daran fest und hoffen, daß sie sich verbessert. Erscheint dies aussichtslos und haben wir schließlich die Trennung ins Auge gefaßt, ist dann die Phase der Hoffnung abgeschlossen. Der andere jedoch, der verlassen wird, erlebt sie erst hinterher.

Er will die Trennung nicht wahrhaben und weist die Reali-

tät weit von sich. Manchmal glaubt er, es sei nur ein böser Traum, und wenn er am nächsten Morgen aufwacht, sei die Welt wieder in Ordnung. Man frühstückt zusammen, lacht und macht Pläne.
Beide befinden sich in einem Schockzustand, leiden unter Schlaflosigkeit, Konzentrationsmangel, Depressionen, die mitunter durch euphorische Phasen unterbrochen werden. Wir müssen wieder von vorne beginnen, ein mühseliges Unterfangen. Wenn eine langjährige Beziehung zu Ende ist, müssen wir nicht nur den Verlust des anderen verkraften, sondern auch den des sozialen Umfeldes, der Wohnung, mancher Freunde, vielleicht sogar den gemeinsamer Kinder.
Das Gewesene ist aber noch immer präsent, in vielfacher Gestalt. Bilder und zurückgelassene Gegenstände erinnern uns an das Vergangene. Aber wir müssen Abschied nehmen. Dies bedeutet auch Trauern. Wie müssen diese Trauerzeit zulassen. Bei manchen dauert sie nur wenige Tage, bei anderen Wochen oder Monate und in seltenen Fällen auch Jahre. Wir dürfen uns nicht an Vergangenem orientieren. Wir müssen vorwärtsschauen.
Selbst die einfachsten Aufgaben erscheinen uns während dieser Übergangsphase unlösbar. Die anfängliche Unfähigkeit, die täglichen Pflichten zu erledigen, ist eine normale Reaktion auf Kummer und Schock. Manchmal versuchen wir uns durch Alkohol, Tabletten, Drogen oder sexuelle Affären über den Verlust hinwegzutrösten, oder wir stürzen uns pausenlos und exzessiv in die Arbeit.
Wir haben Angst, nie mehr unserem Einsamkeitsgefühl entfliehen zu können. Wir hassen die Einsamkeit. Wir hassen es, unseren Lebensweg jetzt allein gehen zu müssen. Wir werden von Selbstzweifeln und Ängsten geplagt. Es ist eine Zeit, in der wir besonders verletzlich sind.

Hermann, 42, berichtet: »Es kam immer ganz plötzlich über mich. Vorher war ich noch fröhlich und lachte mit Freunden oder saß zufrieden in meiner Wohnung und las. Es reichte eine Kleinigkeit: ein bestimmtes Lied im Radio, eine Bemerkung, ein Liebespaar auf der Straße, eine Fernsehsendung, die mich an einen unserer Urlaubsorte erinnerte, und schon waren sie wieder da – die Trauer, die Verzweiflung, die Tränen.«

Ablenkungen sind gerade während der Abschiedsphase extrem wichtig, denn sie können dazu beitragen, daß nicht alle Gedanken immer um den Verlust kreisen. Ablenkungen dämpfen den Schmerz. Aber wir sollten uns nicht sinnlos in Ablenkungen stürzen, denn dadurch nehmen wir uns die Chance, die Trennung positiv zu verarbeiten. Die Trennung tut vielleicht weniger weh, wenn wir uns sofort mit einem neuen Partner trösten. Aber wenn wir uns nicht mit unserer vergangenen Beziehung auseinandersetzen, erfahren wir nur wenig über das Warum der Trennung, verpassen die Gelegenheit, uns mit unserer eigenen Persönlichkeit, unseren Fehlern und Ängsten zu beschäftigen. So laufen wir Gefahr, in künftigen Beziehungen immer dieselben Fehler zu wiederholen. Wir dürfen weder dem Schmerz entfliehen, noch uns ihm allzusehr aussetzen.

Andrea, 44, Mutter von drei Kindern, beschreibt ihre Abschiedsphase so: »Dieter hatte eine 23 Jahre jüngere Geliebte. Ausgerechnet seine Sekretärin. Als ich davon erfuhr, stürzte meine Welt wie ein Kartenhaus zusammen. Für mich war Treue selbstverständlich gewesen, auch wenn sich das in der heutigen Zeit etwas realitätsfremd anhört. Ich versuchte mich abzulenken, nahm an einem Fallschirmspringerkurs teil, und später suchte ich mir jüngere

Männer als Liebhaber. Meine Selbstachtung und mein Selbstbewußtsein waren wie weggewischt. Ich wollte meinen Mann mit diesen Seitensprüngen verletzen. Ich hoffte sehnsüchtig, er würde wieder zur Besinnung kommen. Ich wollte ihn eifersüchtig machen, wollte wieder von ihm geliebt werden. Als die andere von ihm ein Kind erwartete, trennte ich mich. Jetzt konnte ich das Verhältnis meines Mannes nicht mehr als vorübergehend abtun. Ich mußte der Realität ins Auge sehen. Unsere Ehe hatte keine Chance mehr. Aber diese Einsicht gab mir auch die Kraft zur Trennung.
Im ersten Trennungsjahr lebte ich sehr zurückgezogen. Unerträglich waren für mich die Abende und Nächte. Ich rauchte zwei Packungen Zigaretten am Tag, schluckte Beruhigungstabletten und trank sehr viel Alkohol. Ich glaube, ohne meinen Freundeskreis wäre ich ins Bodenlose gefallen.
Nach eineinhalb Jahren Trauerarbeit akzeptierte ich endlich das Ende meiner Ehe und die Scheidung. Jetzt lebe ich wieder und habe tausend Pläne. Seit einigen Monaten lerne ich Shiatsu-Massage, und wenn ich fertig bin, möchte ich eine eigene Praxis eröffnen. Der zweite Teil meines Lebens hat begonnen.«

Beim nächsten Mal wird alles anders

Nach der Abschiedsphase kommt die Zeit, in der wir die Entdeckungsreise in unser Selbst, unsere Gefühlswelt, Ängste, Hoffnungen und Wünsche beendet und zu einem neuen Selbstwertgefühl und Selbstbewußtsein gefunden haben. Wir leben allein und kommen wieder mit unserem Leben zurecht.

»Ich fühle mich so, als hätte ich Monate in einer anderen Welt verbracht und kehrte jetzt zurück. Ich genieße es, morgens aufzustehen und den neuen Tag fröhlich zu beginnen. Ich freue mich auf die Wochenenden, auf neue Menschen. Ich lache wieder von Herzen und bin glücklich und ausgeglichen. Und ich kann auch allein sein und die Ruhe genießen. Der Alptraum ist vorbei. Ich bin wieder aufgewacht.«
Marion, 32, trennte sich nach fünf Jahren von ihrem Freund. Eine so lange Beziehungszeit läßt sich nicht in wenigen Wochen verarbeiten. Egal wie kurz oder lange wir für diese Phase brauchen, die Erfahrung lehrt, daß sie vergeht. Das alte Sprichwort »Zeit heilt alle Wunden« verrät große Weisheit. Immer seltener denken wir an unseren früheren Partner oder die Partnerin. Irgendwann lassen auch Haß und Verletztheit nach, und wir können sogar alte Dias anschauen oder mit Freunden von früheren Zeiten reden. Es tut nicht mehr weh, Sehnsucht und Verlangen nach dem anderen sind verschwunden.
Wir schmieden Pläne für die Zukunft und denken wahrscheinlich auch über uns und unsere Beziehungswünsche nach. Wir sind anderen Menschen gegenüber vorsichtiger geworden. In uns steckt die Angst, gegen unseren Willen in eine Beziehungskatastrophe hineinzugeraten.
Manche Menschen lehnen nach einer gescheiterten Partnerschaft jede ernsthafte neue Verbindung strikt ab. Da gibt es den Mann, der niemanden mehr an sich heranlassen will und sein Glück nur noch in kurzfristigen Vergnügungsbeziehungen sucht. Aber es gibt auch immer mehr Frauen, die sich diese männliche Verhaltensweise zu eigen gemacht haben.

Marion, 32, erzählt: »Seit ich meine Trennung überwunden habe, habe ich einen richtigen Widerwillen gegen eine neue

Partnerschaft bei mir entdeckt. Ich lebe gerne allein. Mich dabei wohl zu fühlen, habe ich mir hart erkämpft, und das möchte ich nicht aufgeben. Komischerweise scheint meine Einstellung für viele Männer reizvoll zu sein. Als ich früher einmal in einer ähnlichen Situation war und liebend gerne einen neuen Freund gehabt hätte, lief überhaupt nichts. Egal, wie sehr ich mich um einen Mann bemühte.
Heute mache ich nichts mehr. Ich gehe nicht mehr auf Männer ein und bemühe mich noch nicht einmal, rücksichtsvoll und höflich zu sein. Aber das scheint ihren Jagdinstinkt zu wecken.
Mir gefällt es gut, so zu leben wie jetzt. Ich habe einen Freund, mit dem ich nur dann Zeit verbringe, wenn ich Lust dazu habe. Wenn er meine Spielregeln nicht mehr akzeptieren will, dann wird ein anderer Mann ihn ersetzen. In dieser Position macht Trennung mir nichts mehr aus. Denn meine Gefühle gehören mir.«

So eine Einstellung kann zwar eine Zeitlang sehr gesund sein, läßt aber auf Dauer das eigene Gefühlsleben verkümmern. Wir haben Grundbedürfnisse, die nur von anderen Menschen befriedigt werden können, etwa das Bedürfnis nach Zugehörigkeit, Liebe, Achtung, Anerkennung und Bewunderung.
Wir können dieses Dilemma zwischen unserem Wunsch zu lieben und geliebt zu werden und unsere Angst vor Abhängigkeit und Enttäuschung nur lösen, wenn wir zu unserem Selbst vordringen.
Auf dem Büchermarkt gibt es unzählige »Beziehungsratgeber«, die beschreiben, wie eine Partnerschaft aussehen soll und wie nicht. Wir werden gewarnt vor »Frauen, die zu sehr lieben«, vor »Männern, die lieben lassen«, vor »Männern, die nie erwachsen werden«, vor »Liebe als Leid«.

Ich habe mich schon oft gefragt, warum es gerade die Frauen sind, die diese Bücher verschlingen. Sind allein wir es, von denen das Gelingen einer Beziehung abhängt?
Frauen reden ständig über Partnerschaft und überlegen sich, wie sie es dem Mann recht machen können. Soll ich mich selbstbewußt geben? Lieber sexy oder zurückhaltend sein? Soll ich nachgeben? Arbeite ich zu lange?
Wir versuchen, die Probleme des Mannes zu lösen und nächtelang Beziehungsdiskussionen mit ihnen zu führen. Wir erklären uns, berichten über unsere Einstellungen und Wünsche. Wir versuchen, ihn und uns zu ändern. Wir haben Angst, zuviel zu fordern, sie dadurch zu erschrecken oder zu ablehnend zu sein und dadurch uninteressant zu wirken. Geht wieder eine Beziehung schief, sind wir entweder an den falschen Mann geraten oder hatten nicht den richtigen Trick drauf, ihn von uns zu überzeugen.
Stop!
Wir sollten endlich aufhören, an den Männern herumzudoktern, und uns auf uns selbst besinnen. Wir brauchen nicht die aufopfernde, verständnisvolle, selbstbewußte, unabhängige, schöne, kluge oder biedere Frau zu sein. Seien wir so, wie wir sind. Bislang sind wir ohnehin mit unseren aufopferungsvollen Beziehungsbemühungen gescheitert.

Barbara, 32, sagt: »Als ich ihn kennenlernte, fand ich ihn absolut uninteressant. Er erschien mir als ein oberflächlicher Typ, der noch nie über sich und das Leben nachgedacht hatte. Dennoch tat ich mich zwei Monate später mit ihm zusammen. Fünf Jahre lang versuchte ich aus diesem Mann einen nachdenklichen, gefühlsbetonten Intellektuellen zu machen. Damit bin ich natürlich kläglich gescheitert und selber unglücklich geworden. Manchmal frage ich mich, warum habe ich einfach nicht akzeptiert, daß wir nicht zusammenpassen.«

Cheryl Benard und Edit Schlaffer haben mit der in ihrem Buch »Laßt endlich die Männer in Ruhe« vertretenen Auffassung recht: Es ist nicht unsere Aufgabe, die Männer zu hoffnungsvollen Beziehungskandidaten umzumodeln und uns dabei zu vergessen. Sonst rutschen wir entweder von einer Katastrophe in die nächste oder werden zu Beziehungskonsumenten, denen eine Trennung nichts mehr ausmacht, weil wir nie etwas von uns selbst in diese Partnerschaft eingebracht haben.

3 Die Trennungsgründe

Frauen suchen den gefühlvollen,
zuverlässigen Mann, mit dem die Liebe
zärtlich und aufregend ist.
Männer wünschen sich die erotische,
treue, aber tolerante Partnerin.

Warum Frauen sich trennen

»Gleichberechtigung gab's nicht bei uns. Er bestimmte, ich gehorchte. 15 Jahre hingen bei uns dieselben Gardinen am Fenster.« Grund genug für die Frau des ehemaligen Justizministers Gerhard Jahn (SPD), sich scheiden zu lassen. Das weiß zumindest die BILD-Zeitung.[5] Marion gab dem Frankfurter Radprofi Didi Thurau nach fünf Ehejahren den Laufpaß, da er unbeirrt im Haushalt oder am Fahrrad rumputzte. Sie sagte: »Wer einen Mann will, will keinen Putzmann.« Der einstigen TV-Ulknudel Beatrice Richter verging das Lachen mit dem New Yorker Star-Psychiater Dr. Anthony Zito nach eineinhalb Jahren Ehe: »Er hat mich gebissen, geprügelt, gewürgt.« Und Joan Kennedy gestand nach der Scheidung von Senator Ted: »Sex dauerte bei ihm nur fünf Minuten.«
Soviel zu den von der Presse hochgeputschten Skandalfällen. Warum sich Frauen wirklich trennen, fand die Münchner Gesellschaft für Rationelle Psychologie in einer reprä-

sentativen Untersuchung heraus. Im Jahr 1989 befragte sie 3284 verheiratete und unverheiratete Paare nach ihren Trennungsgründen.

18 bis 24 Jahre

1. Untreue . . . . 76 Prozent
2. Unehrlichkeit . . . . 69 Prozent
3. Keine Persönlichkeit . . . . 45 Prozent
4. Gefühlskälte, nicht zärtlich . . . . 42 Prozent
5. Geiz . . . . 38 Prozent
6. Sexuelle Einfallslosigkeit, Langeweile . . . . 36 Prozent

30 bis 39 Jahre

1. Gefühlskälte, nicht zärtlich . . . . 71 Prozent
2. Sexuelle Einfallslosigkeit, Langeweile . . . . 59 Prozent
3. Egoismus, Intoleranz . . . . 48 Prozent
4. Genußsüchtigkeit, undiszipliniertes Verhalten . . . . 41 Prozent
5. Untreue . . . . 40 Prozent
6. Unehrlichkeit . . . . 39 Prozent

40 bis 55 Jahre

1. Erfolglosigkeit, berufliches Versagen . . . . 58 Prozent
2. Untreue . . . . 57 Prozent
3. Sexuelle Einfallslosigkeit, fehlende Attraktivität . . . . 52 Prozent
4. Gefühlskälte, mangelnde Zärtlichkeit . . . . 46 Prozent
5. Intoleranz, Egoismus . . . . 41 Prozent

Daß sie den Seitensprung des Mannes nicht verkraften können oder nicht akzeptieren wollen, geben vor allem sehr junge Frauen als Trennungsgrund an. Ihr Kopf ist noch voller Ideale, wenn sie sich für eine Ehe oder Partnerschaft entscheiden. Bei sexueller Untreue bricht für diese Frauen die Welt ihrer Träume zusammen. Das Gefühl, daß der Partner nicht mehr ihnen allein ›gehört‹, ertragen sie schwerer als ältere. Sie haben Schwierigkeiten, Liebe und kurzfristige erotische Attraktivität voneinander zu unterscheiden.

Bei den 30- bis 39jährigen rückt dieser Grund auf Platz fünf. Sie sind selbstbewußter und gönnen ihrem Partner und sich selbst auch mal ein erotisches Erlebnis außer der Reihe. Bei einem Seitensprung kann die Beziehung zwar in eine Krise geraten, er bringt aber nicht zwangsläufig die Trennung mit sich.

Viel schwieriger ist es für diese Altersgruppe, mit der Gefühlskälte ihres Partners umzugehen. Sie bemängeln zunehmend, daß er ewig vor dem Fernseher hockt und sich im Bett eher eintönig verhält. Frauen in diesem Alter sind sexuell anspruchsvoller. Sie suchen Phantasie, Erotik, Einfallsreichtum und Zärtlichkeit, wenn sie mit einem Mann zusammen sind.

Was Frauen im Bett bevorzugen, untersuchte 1984 die Männerzeitschrift Playboy.[6] 5005 Männer und Frauen gaben über ihre geheimsten sexuellen Wünsche, Praktiken und über ihr Liebesleben Auskunft.

Keine Frau wird es wundern, daß der nur ausdauernde Mann mit nur einem Prozent der am wenigsten geliebte Liebhaber im Bett ist, auch wenn dieser Typus Mann sich selbst mit seinem Leistungssport als sexuell ungeheuer attraktiv empfindet.

Frauen finden Männer dann gut im Bett, wenn sie Einfühlungsvermögen (57 Prozent) besitzen, zärtlich (20 Prozent) und leidenschaftlich sind (11 Prozent). Ausdauer ist mit nur einem Prozent wenig gefragt.

Hauptgenuß beim Sex ist für Frauen die emotionale Wärme, die in diesem Augenblick gemeinsam erlebt wird, und das Gefühl, begehrt und gebraucht zu werden. Frauen mögen keinen Sex, der nach einem festgelegten Schema abläuft.

39 Prozent der Frauen würden ihre sexuellen Phantasien gerne stärker ausleben, bei den 30- bis 40jährigen hat sogar jede zweite Frau diese Sehnsucht und möchte auch, daß ihr Liebespartner ihre Wünsche im Bett stärker beachtet und darauf eingeht.

Trennung, weil im Schlafzimmer gähnende Langeweile herrscht, ist relativ neu und geht auf die sexuelle Revolution der sechziger Jahre zurück. Da nämlich gestatteten sich Frauen plötzlich, mehr zu sein als nur die Komplizin und Erfüllerin der sexuellen Wünsche des Mannes. Immer weniger Frauen haben inzwischen Angst, ihre eigene Sexualität dem Partner zu offenbaren. Sie lassen sich nicht mehr sexuell versklaven und als Stillhalteobjekt mißbrauchen.

Frauen sind heute anspruchsvoller, selbständig und äußern ihre eigenen Bedürfnisse – auch im Bett. Das ist ein Verhalten, mit dem Männer erst lernen müssen zurechtzukommen.

Warum Männer sich trennen

Die Begründung, daß die Frau im Bett langweilig und einfallslos sei, wird nur selten von Männern, die sich trennen, angeführt. Interessant ist, daß sowohl für die 18- bis

29jährigen als auch für die bis 40jährigen Männer die Trennung wegen eines Seitensprungs der Frau auf Platz Nummer eins der Trennungs- und Scheidungsliste steht. Was Männer sich selber gestatten, gilt für Frauen noch lange nicht. Wenn es um Sexualität geht, werden Männer intolerant, besitzergreifend; ihr Ego kann die sexuelle Untreue ihrer Frau nicht verkraften.

Heinz ist 40 und Unternehmensberater. Er sagt: »Klar bin ich auch mal fremdgegangen. Aber als ich entdeckte, daß meine Frau ein Verhältnis mit einem Arbeitskollegen hatte, war ich am Ende. Irgendwie ist das doch etwas anderes.«

Der 42jährige Kameramann Stefan: »Wenn sie mich betrügen würde, würde ich ihr das nie verzeihen.«

Alfred, ein 36jähriger Versicherungsvertreter, sagt: »Eine Frau geht mit dem Herzen fremd und nicht nur mit dem Körper. Damit läßt sich viel schwerer umgehen.«

Die Kritiksucht, das ewige Nörgeln und die ungepflegte Aufmachung der Frau taucht unter den Trennungsgründen der Männer mit zunehmendem Alter verstärkt auf. Natürlich beeinträchtigt das Älterwerden die weibliche Schönheit, und ein Mann kann auch mit Glatze, Falten und Röllchen am Bauch noch erotisch anziehend wirken. Er steht mitten im Beruf, sein Erfolg und seine Macht lassen andere Frauen über eine nicht mehr vollkommene Figur hinwegsehen. Die Frau hingegen muß auch im Alter den Schönheitsidealen ihrer Jugend hinterherrennen. Tut sie es nicht, wendet sich der Mann leicht von ihr ab, um sich einer schöneren, jüngeren und attraktiveren Frau zuzuwenden.

Hermann, 51, Wirtschaftsprüfer: »Ich hatte es einfach satt. Zu Hause hörte ich nur Vorwürfe und Kritik, daß ich zu lange arbeiten würde. Dabei hat sie doch auch etwas von meinem Geld. Und sie tat immer weniger für ihren Körper. Ich habe mich scheiden lassen. Meine jetzige Freundin ist zwanzig Jahre jünger als ich.«

Der 60jährige Kaufmann Max sagt: »Frauen finden mich noch toll. Vielleicht ist es ja mein Geld, aber das ist mir egal. Ich habe mich schon vor zehn Jahren von meiner Frau getrennt. Die ist jetzt fünfzig und nicht mehr erotisch.«

Die Trennungsgründe der Männer im einzelnen sind folgende:

18 bis 29 Jahre

1. Untreue	61 Prozent
2. Intoleranz	56 Prozent
3. Unehrlichkeit	49 Prozent
4. Gefühlskälte, Lieblosigkeit	40 Prozent
5. Kritiksucht, ständige Nörgeleien	35 Prozent
6. Eifersucht	26 Prozent
7. Schlampigkeit, unattraktives Äußeres, unattraktive Figur	24 Prozent

30 bis 39 Jahre

1. Untreue	66 Prozent
2. Gefühlskälte, Lieblosigkeit	52 Prozent
3. Kritiksucht, ständige Nörgeleien	50 Prozent
4. Intoleranz, kleinliches Verhalten	45 Prozent
5. Schlampigkeit, unattraktives Äußeres	38 Prozent
6. Unehrlichkeit	32 Prozent
7. Eifersucht	31 Prozent

40 bis 55 Jahre

1. schlampig, nicht mehr attraktiv genug	59 Prozent
2. intolerant, kleinlich	56 Prozent
3. gefühlskalt, lieblos	46 Prozent
4. untreu	40 Prozent
5. kritiksüchtig, nörgelt ständig	37 Prozent
6. eifersüchtig	35 Prozent
7. unehrlich	24 Prozent

4 Einen Schuldigen brauchen wir nicht

Männer wie Frauen haben heute den Mut, sich aus einer unbefriedigenden Beziehung zu lösen. Leicht jedoch kann die Trennung zum Egotrip werden.

Das neue Trennungsselbstbewußtsein

Heutzutage suchen Männer und Frauen immer weniger die Schuld für das Scheitern der Beziehung bei ihrem Partner. Sie sparen sich Anschuldigungen, Anklagen, waschen keine schmutzige Wäsche mehr und empfinden das Ende ihrer Beziehung viel weniger häufig als persönliches Versagen. Sie haben einfach keine Lust mehr, wollen weg, möchten Erfahrungen mit sich selber machen, neue Wege gehen.

Sabine, 42, Hausfrau: »Mein früheres Leben bewegte sich immer in geordneten Bahnen. Ich kümmerte mich um mein Heim, meine Kinder, meinen Mann. Klar, es klappte bei uns im Bett nicht immer besonders. Manchmal spürte ich eine richtige Abneigung gegen meinen Mann. Aber das allein wäre für mich kein Trennungsgrund gewesen. Es gibt so viele andere Gemeinsamkeiten. Aber ich merkte, daß diese Ehe nicht alles in meinem Leben sein konnte. ›Ich lebe doch nur ein einziges Mal‹, sagte ich mir. Dieser Abschnitt meines Lebens ist jetzt vorbei. Ich ließ mich scheiden – einfach, weil ich noch etwas Neues erleben wollte. Damit meinte ich nicht unbedingt Männer, sondern Erfahrungen, neue Menschen, einen Beruf, Anerkennung und Spaß.«

Der Diplom-Psychologe Henner Ertel, Leiter des Forschungsinstituts GRP aus München, sagt zu dem Problem: »Sich zu trennen bedeutet speziell für Frauen auch, sich Unabhängigkeit zu beweisen. Fast jede zweite Frau hat es aufgegeben, nach Gründen zu suchen. Sie hat Lust an der Trennung, Lust allein zu sein. Das ist ihre ganz persönliche Entscheidung. Das ist der neue Egoismus der Frauen.«

Von den Frauen, denen gleichgültig ist, wer die Schuld an dem Zerwürfnis trägt, trennt sich fast jede zweite aus Selbstverwirklichungsgründen (bei Männern sind es 31 Prozent). 40 Prozent der Frauen geben selbstbewußt zu, momentan keine Lust mehr zu ihrer Partnerschaft zu haben. Männer bekennen sich sogar zu 47 Prozent zu dieser puren Beziehungsunlust. Vor zehn Jahren nannten nur rund zwei Prozent der Männer und Frauen Lustlosigkeit als Trennungsgrund.
Jede vierte Frau sieht keine gemeinsame Basis mehr mit dem Partner (bei Männern sind es 18 Prozent). Jede fünfte Frau und fast jeder dritte Mann bezeichnet sich selbst als bindungsfähig. Und acht Prozent der Frauen und zehn Prozent der Männer suchen nach neuen Erfahrungen.

Selbstverwirklichung

Nach Selbstverwirklichung zu streben ist modern. Dieses Wort wird häufig benutzt, aber ebenso häufig mißbraucht.

Der Versuch, die eigenen Bedürfnisse, Wünsche und Neigungen aufzuspüren und zu entwickeln, ist positiv. Er bringt uns weiter und zeugt von gesundem Egoismus. Frauen gaben bei der Untersuchung des Instituts für rationelle Psychologie zehnmal öfter an, sich deshalb von ihrem Partner getrennt zu haben.

Die eigenen Bedürfnisse und Ansprüche zu akzeptieren und nicht ständig zugunsten des Ehemannes, Lebenspartners oder der Kinder zurückzustecken, mußten besonders wir Frauen lernen. Wir mußten lernen, nicht nur die Frau zu sein, die dem Mann ein gemütliches Zuhause bereitet, die nachgiebig und immer verständnisvoll ist, sondern auch den Partner mit ihren Ansprüchen konfrontiert und eigene Interessen auslebt. Wir mußten lernen, uns im Beruf zu behaupten und Anerkennung zu finden. Wir mußten uns mühsam aneignen, was Männer schon in ihrer Jugend mitbekommen haben: Durchsetzungsvermögen, Selbstbewußtsein und den Mut, eigene Interessen zu verfolgen. Im Rahmen der Emanzipationsbewegung wurde deshalb das Streben nach Selbstverwirklichung gerade bei Frauen großgeschrieben. Aber manchmal schießen wir auch über das Ziel hinaus. Vor lauter Anstrengung, den neuen Forderungen, die wir an uns selber stellen, gerecht zu werden, beachten wir unseren Partner nicht mehr genügend. Wir wollen nichts von dem aufgeben, was uns im Augenblick wichtig erscheint. Ganz extrem verhalten sich Karrierefrauen, denen Selbstverwirklichung durch den Beruf alles ist, für die nur noch der äußerliche Erfolg, aber nicht mehr Liebe und Partnerschaft zählen. Sie gibt es seltener als ihr männliches Pendant, aber müssen Frauen die gleichen Fehler machen, die sie zu Recht früher den Männern angelastet haben?

Hinter dem wohlklingenden Wort »Selbstverwirklichung«

verbergen sich Gefahren. Sie stehen uns im Wege, Glück in unserer Beziehung zu finden. Oft verlassen Männer und Frauen ihre Partner und ihre Familien, um diffusen Träumen und Vorstellungen hinterherzujagen. Sie weigern sich, sich wirklich mit ihrem Partner auseinanderzusetzen und trennen sich lieber. Dahinter steckt oft mangelnder Mut, über Schwierigkeiten zu sprechen und offen miteinander zu reden. Es ist viel einfacher fortzugehen, die Tür hinter sich zuzumachen, als mit dem Partner nach einer befriedigenden Lösung für beide zu suchen.

Unter der Tarnkappe der Selbstverwirklichung geht man lieber eigene Wege, man schläft mit anderen Partnern, um sich sexuell auszuprobieren, treibt exzessiv Sport, rast von einem Amüsement zum nächsten oder trennt sich vom Partner, weil man sich in seiner persönlichen Entfaltung behindert fühlt. Selbstverwirklichung ist dann die Legitimation für die Flucht aus der Beziehung.

Das soll kein Plädoyer dafür sein, Partnerschaften um jeden Preis aufrechtzuerhalten. Aber wir dürfen uns auch nicht selber betrügen. Wir müssen erkennen, ob wir nur weglaufen, weil wir uns nicht wirklich auf eine Bindung einlassen können, oder ob die Trennung notwendig ist.

Im Lexikon der Psychologie wird Selbstverwirklichung als »autonome Entwicklung und Entfaltung aller in einem Individuum angelegten physischen, psychischen und sozialen Potenzen« definiert. Der Amerikaner Maslow sieht es als »zusammenfassenden Beschreibungsbegriff höherer menschlicher Motive« und Erich Fromm als »Therapieziel«.

Selbstverwirklichung bedeutet für jeden etwas anderes. Es gibt keine allgemeingültigen Maßstäbe dafür, ob man auf dem richtigen oder falschen Weg ist. Das kann nur jeder für sich selber entscheiden. Je nach Lebenssituation, Persönlichkeit und Alter stecken die unterschiedlichsten Intentionen dahinter.

Irene ist 36 und von Beruf Hausfrau. Sie sagt: »Für mich bedeutet es, zwischen meinen Wünschen und Neigungen, die ja sehr ambivalent sind, so zu wählen, daß ich für mich auf Dauer und nicht nur für einen kurzen Augenblick ein höchstes Maß an persönlichem Glück erreiche.«

Die 33jährige Journalistin Uta erklärt: »Für mich ist das der Mut zum Erwachsenwerden. Das bedeutet, daß ich jeden Morgen in den Spiegel schauen kann und mich in Ordnung finde. Daß ich über mich selber lachen kann, gesunden Egoismus lerne und selbständig leben kann. Ich möchte unabhängig von Zwängen sein, die mir Männer aufoktroyieren, und in meinem Privatleben niemandem Rechenschaft ablegen müssen. Um diese Ziele zu erreichen, kämpfe ich jeden Tag.«

Michael, 36, Buchautor, versteht unter Selbstverwirklichung folgendes: »Ein Ziel haben und darauf zugehen.«

Für Barbara, 32, PR-Assistentin, heißt Selbstverwirklichung: »Herausfinden, wer ich bin und was ich möchte.«

Der 33jährige Außenhandelskaufmann Hans sagt: »Meinen Weg zu gehen, ohne den Weg des anderen zu behindern. Und nur aus Überzeugung Kompromisse zu schließen. Ich möchte nicht gebremst und nicht gehalten werden.«

Heinz, 55, Verkaufsdirektor, versteht unter Selbstverwirklichung: »Es ist eine Kombination aus beruflichem Einsatz, Erfolg und einem harmonischen Familienleben.«

Es ist hilfreich, sich wirklich zu überlegen und aufzuschreiben, was man unter Selbstverwirklichung versteht. Fragen Sie sich, was in Ihrem Leben wichtig ist. Was bedeutet Glück für Sie? Welche Ziele möchten Sie verfolgen? Welche Wünsche haben Sie? Schreiben Sie sich die Antworten auf, denken Sie darüber nach. Falls Sie einen Partner haben, sollte er die gleiche Übung machen. Vergleichen Sie Ihre Antworten und diskutieren Sie darüber. Sie werden viele aufschlußreiche Dinge über Ihren Partner erfahren. Und nur so vermeiden Sie, Selbstverwirklichung mit dem Egotrip zu verwechseln.

Beziehungsunlust

Der Lustlosigkeit begegnen wir ständig, sie ist wie ein Schatten, der uns auf Schritt und Tritt verfolgt. Wenn wir mit anderen Menschen über Beziehungen sprechen oder in unserem Freundeskreis diskutieren, treffen wir auf Verbitterung, Resignation, Frustration oder Gleichgültigkeit.

Männer und Frauen, die euphorisch und positiv über ihre Partnerschaft reden, bestaunen wir ungläubig wie Wundertiere. Gibt es noch zufriedene Paare? Sicher hatten die beiden nur Glück und haben den Traumpartner gefunden, denken viele, wenn sie einem glücklichen Paar begegnen. Aber es ist halt eine Ausnahme. Ob wir selbst für unsere eigene Lustlosigkeit verantwortlich sind, fragen wir uns selten.

Denn wir sind unter Gleichgesinnten. Offen über die eigene Beziehungsunlust und Probleme in Partnerschaften zu sprechen, wird nicht sanktioniert. Im Gegenteil. Wir stoßen auf Verständnis und uns wird stöhnend beigepflichtet. Beim Abendessen erzählen wir uns gegenseitig die neuesten schändlichen Verhaltensweisen unserer Partner, und jeder versteht, daß man bei so einem Menschen einfach nicht bleiben kann.

Es verwundert nicht, daß laut Untersuchung der Gesellschaft für rationelle Psychologie 47 Prozent der Männer und 40 Prozent der Frauen, die nicht den ausschließlichen Trennungsgrund dem Partner in die Schuhe schieben, ihre Trennung mit dem Satz »Ich habe keine Lust mehr auf diese Beziehung« begründen.

Warum haben wir keine Lust mehr? »Die Beziehung nervt mich.« – »Er (sie) versteht mich nicht.« – »Wir streiten ständig.« – »Ich lebe lieber allein, denn so habe ich mehr Spaß.« – »Ich fühle mich eingeschränkt.« – »Es ist mir zu eng.« – »Ich brauche mehr Zeit für mich.« – »Er (sie) hat sich als völlig anderer Mensch entpuppt.« – »Es ist zu stressig.« Diese Liste ließe sich unendlich fortsetzen. Die Lustlosigkeit gegenüber einer Partnerschaft wird zumeist damit begründet, daß die Beziehung nicht mehr perfekt funktioniert und Bedürfnisse, die jemand durch die Partnerschaft befriedigt sehen möchte, auf der Strecke bleiben. Da bleibt er doch lieber allein oder versucht sein Beziehungsglück mit einem anderen Partner.

»Es ist bitter und enttäuschend, wie schnell Beziehungen aufgegeben werden. Das macht mir angst«, sagt der 40jährige Marketingkaufmann Hermann. »Man wird richtig zynisch und egoistisch. Und man ist immer weniger bereit, sich auf eine Beziehung einzulassen aus Furcht, daß es sich mal wieder nicht lohnt.«

Vielleicht kommen wir der Beziehungsunlust auf die Spur, wenn wir über das Gegenteil, die Lust auf Beziehungen, nachdenken. Lust, das bedeutet Freude, Gewinn, Positives und Befriedigung. Ein Interviewpartner sagte mir: »Wieso Beziehungsunlust? Ich habe Lust auf Beziehungen. Ich

brauche das. Ich will nicht allein leben, dann fehlt mir etwas. Ich brauche Beziehungen, um persönlich gefordert zu sein.«
Zunächst hört sich das positiv an. Aber diese Einstellung bedeutet auch einen Mißbrauch des Partners und eine narzißtische Einstellung in bezug auf Liebesbeziehungen. Der Partner muß bestimmte Fähigkeiten und Attribute mitbringen, damit das eigene Leben bereichert wird. Es ist ein Tauschgeschäft. Der andere Mensch wird nicht um seiner selbst willen geliebt, sondern wegen der Dinge, die er mitbringt: intellektuelle Anregung, materiellen Besitz, Stärke, interessante Freunde, gutes Aussehen, Ideale. Funktioniert dieses »Geschäft« nicht mehr, verliert man die Lust an der Partnerschaft und macht sich davon.
Hinter dieser Lust beziehungsweise Unlust steckt eine falsche Auffassung dessen, was unter Partnerschaft zu verstehen ist.

Bindungsunfähigkeit

Bindungen sind ein wichtiger Faktor im Leben des Menschen. Bindungen haben unterschiedliche Formen und Ausprägungen auf verschiedenen Ebenen. Wir haben Bindungen an unsere Eltern, Geschwister, Verwandte und Freunde. Wir haben Bindungen an unser soziales Umfeld. In der Regel wird Bindung als Wechselbeziehung zwischen zwei oder mehr Partnern definiert.
Mit den Menschen, mit denen wir uns verbunden fühlen, stehen wir in einer Beziehung. Beziehungen ergeben sich nach Definition des Paar- und Familientherapeuten Jürg Willi aus der »korrespondierenden thematischen Ansprechbarkeit von zwei oder mehr Personen. Systematisch

sich organisierende Beziehungen sind nicht Selbstzweck, sondern stehen im Dienst eines zielgerichteten Ideenprozesses. Das System bildet bloß die Organisationsform dieses Prozesses.«[7]

Peter, ein erfolgreicher 46jähriger Computerfachmann, erklärte mir nach zwei gescheiterten Ehen und einer völlig zerrütteten langjährigen Partnerschaft, daß er nicht in der Lage sei, Beziehungen zu führen. Er sei einfach bindungsunfähig. Dabei lächelte er und war stolz, endlich eine Erklärung für sein persönliches Desaster gefunden zu haben. Er erzählte von seiner ersten Ehefrau, die er nach sechs Ehejahren verlassen hatte, weil sie nicht genügend Rücksicht auf seine Persönlichkeit genommen hatte. Er wanderte nach Südafrika aus und heiratete dort eine fünfzehn Jahre jüngere Frau, die ihm auf den ersten Blick Selbstbestätigung, Stärke und Bewunderung versprach. Aber auch diese Beziehung scheiterte, weil er immer in dem Augenblick, in dem seine Partnerin Ansprüche an ihn stellte, die Flucht ergriff. Meistens betrog er dann seine Frau, um sich bei einer anderen Bewunderung und Verständnis zu holen. Oder er ergoß sich in Anklagen, daß seine Frau nicht auf ihn eingehe, ihn nicht verstehe und ihm bei der Problembewältigung nicht behilflich sei. Jegliche Verantwortung für das Scheitern oder Gelingen der Beziehung legte er in die Hände seiner jeweiligen Partnerin. Seine Beziehungen und auch seine Flucht aus den Beziehungen wiederholten sich immer nach dem gleichen Muster.

Daß solche Beziehungen scheitern müssen, ist vorprogrammiert. Denn ein gemeinsames Wachsen mit dem Partner ist ganz unmöglich, da es keine gemeinsame Zielperspektive gibt. Solche Beziehungen sind lediglich Selbstzweck, es geht nur um Bedürfnisbefriedigung und gegenseitige Ausbeutung.

In der Psychoanalyse[8] geht man von der Annahme aus, daß neurotische Fixierungen und Regressionstendenzen vom Individuum bewältigt werden müssen, da sonst ein neurotischer Wiederholungszwang besteht. Die Partnerwahl vollzieht sich dann immer nach denselben Mustern und endet immer in denselben Enttäuschungen.
Menschen wie der 46jährige Computerfachmann Peter haben ebendiesen Prozeß nie bewältigt. Ihr Scheitern in Beziehungen schieben sie auf oberflächlicher Weise auf eine allgemeine Bindungsunfähigkeit.
Wir leben in einer Zeit, in der solche Bindungsunfähigkeitsbekenntnisse modern geworden sind. Man sieht diese nicht als Makel an. Kein Wunder, daß jeder dritte Mann und jede fünfte Frau in der Untersuchung der Gesellschaft für rationelle Psychologie offen bekennen: »Ich bin bindungsunfähig.«

Neue Erfahrungen

»Ich will neue Erfahrungen sammeln, um mich persönlich weiterzuentwickeln. Ich will neue Menschen kennenlernen, ich will allein in Urlaub fahren und mich spontan verhalten können. In meiner Beziehung fühle ich mich nur noch eingesperrt«, sagt Peter, ein 40jähriger Anwalt.
Die aus Liebe entstandenen Lebensgemeinschaften werden heute weitgehend negativ gewertet. Die Ehe wird als Gefängnis angesehen. Die Bindung in der Ehe wird nicht positiv beurteilt, sondern es wird angenommen, daß die Bindung mit Stagnation im Wachstum, mit Besitzanspruch, Gewohnheitsrecht, Abhängigkeit und Repressionen gekoppelt sei.[9] Die Institution Ehe oder die eheähnliche Lebensgemeinschaft werden abgelehnt, da sie feste Rollen-

erwartungen, Regeln, Eingrenzungen und Zwänge beinhalten und angeblich die persönliche Entfaltung einschränken.

Die Gefahr, die hinter diesem Sammeln von neuen Erfahrungen steckt, ist, daß Menschen zu einer Art Konsumgut degradiert werden. Man möchte neue Dinge erfahren, die man glaubt, in anderen Menschen zu entdecken. Und man benutzt diese Menschen, um ihr Erfahrungsgut zu einem Teil seiner selbst zu machen. Um sich aufzuwerten und zu bereichern. Dies gilt für den langjährig verheirateten Redakteur, der sich von seiner Frau trennen möchte, weil ihm eine neue Frau ein spannendes Leben verspricht. Er bewundert ihre Unabhängigkeit, ihre Fähigkeit, spontan Ideen auszuleben, und ihre langen Reisen in ferne Länder. Und für den Mann, der durch eine jüngere Frau ein Stück seiner eigenen Jugend zurückholen möchte.

Aber hinter diesem Wunsch nach neuen Erfahrungen steht oft nur die Suche nach sich selbst. Nur hat das der Betreffende nicht erkannt.

Er sucht in einem anderen, was er bei sich selbst finden müßte, und ist deshalb zwangsläufig auf der falschen Fährte. Vollkommenes Glück und Befriedigung in einer Beziehung kann nur ein Individuum finden, das in der Lage ist, seinen Lebenshorizont ohne das Vehikel eines anderen Menschen zu erweitern.

5 Auf der Suche nach dem Traumpartner

Wir suchen, suchen und suchen –
den idealen Mann oder die perfekte Frau.
Aber wir müssen uns von diesem Traum
verabschieden. Sonst verschenken wir
die Chance, einen anderen Menschen
wirklich kennenzulernen und lassen
uns durch Äußerlichkeiten täuschen.

»Der Reiz des Neuen ist schnell vorbei«

Der 29jährige Student Stefan berichtet:

»Ich habe mich oft getrennt. Bestimmt dreißigmal. Irgendwie ist das schade. Aber wenn eine Beziehung nicht funktioniert, dann verabschiede ich mich lieber heute als morgen«, sagt er lächelnd.
Er ist ein attraktiver Mann, mit dem viele Frauen gerne mal flirten. Stefan sieht aus wie der Surftyp aus der Leviswerbung, der mit breitem Grinsen die kalifornischen Bikinimädchen schwach werden läßt. Er ist sonnengebräunt, hat kurze dunkle Haare, braune Augen und ist schlank. Stefan weiß, daß er bei Frauen gut ankommt. Man merkt es an seinem Blick und seinen Gesten.
Stefan ist auf der ständigen Suche nach einer neuen Liebe,

der idealen Frau, der vollkommenen Partnerin. Abends zieht er mit Freunden durch Münchens Kneipen. Schöne Sommerabende verbringt er im Biergarten. Die Nächte in Diskotheken. Mit einem Glas Gin Tonic in der Hand lehnt er an der Bar und taxiert die gutaussehenden Frauen. Auf Kommando aktiviert er sein Flirtrepertoire und sein anziehendstes Lächeln. »Aber ein Aufreißertyp bin ich nicht«, sagt Stefan.

Stefan fährt einen Cabriosportflitzer, hat einen Cola-Automaten im Wohnzimmer, Andy-Warhol-Poster an den Wänden und eine ungestillte Sehnsucht nach der Märchenprinzessin: schön soll sie sein, sexy und intelligent. Sie soll ihm Nähe geben, wenn er das braucht, und Freiheit lassen, wann immer er will.

Stefan beschreibt sich als kreativen Menschen, der Oberflächlichkeit haßt. Am liebsten liest er Science-fiction-Romane, aber er geht auch ab und zu ins Theater. Nach dem Examen möchte er im Marketingbereich arbeiten. Am liebsten für einen Sportartikelhersteller. »Sport ist nach den Frauen meine zweite große Leidenschaft«, sagt Stefan. »Aber meine Ansprüche an Frauen sind wohl zu hoch. Deshalb bin ich immer noch auf der Suche.«

Stefans Appartement liegt mitten im Schwabinger Kneipendschungel. Zurückgelehnt sitzt er auf dem schwarzen Ledersofa mit Chrombeinen. Es steht unter einer riesigen imprägnierten Palme. »Das gibt dem Raum so ein Tropenfeeling. Da steh ich drauf«, sagt Stefan. Neben ihm liegt ein aufgeschlagenes Buch von Douglas Adams: »Per Anhalter durch die Galaxis«. Die Niedervolt-Lichtanlage verbreitet eine heimelige Atmosphäre.

Stefan ist mit seinem wechselhaften Beziehungsleben nicht unglücklich, aber trotzdem . . . Er weiß, daß solche Freundschaften ihm auf Dauer nichts bringen. »In München als

Single zu leben ist sehr reizvoll. Das ist fast an der Suchtgrenze. Aber ich habe die Schnauze voll von oberflächlichen Beziehungen. Diese One-night-stand-Geschichten gehen mir auf den Geist. Das ist hohl, ätzend und langweilig.«
Stefan träumt von der wirklichen Liebe, die aufregend ist und ihn fesselt. Aber die findet er nicht. Warum, das weiß er nicht. »Die Frauen sind heute wirklich schwierig. Entweder klammern sie oder sie wollen nichts Festes.« Einmal hatte er eine dreijährige Beziehung. Aber das ist Jahre her. Jetzt lebt er mit kurzen Abenteuern, die nie länger als zwei Monate dauern.
Er erzählt: »Manchmal, wenn ich eine Frau neu kennenlerne, weiß ich schon, daß es eigentlich keinen Sinn hat. Aber das will ich dann nicht wahrhaben. Das verdränge ich. Der Vernunft kommt halt meine Begeisterung und der Eroberungstrieb in die Quere. Ich kann mich nicht zurückhalten. Diese Frau muß ich dann haben.
Meistens habe ich mich getrennt. Vielleicht klingt das ziemlich blöd, aber der Reiz war plötzlich weg. Oft war es halt doch nur das Bett. Ich trenne mich, wenn mir eine Beziehung nichts mehr bringt. Wenn ich spüre, daß wir nicht auf der gleichen Wellenlänge schwingen. Dann hat es doch keinen Wert mehr – oder? Eine Beziehung soll mir Spaß machen und mich nicht belasten. Und sie darf nicht zu eng werden. Ich brauche Luft zum Atmen. Wenn meine Persönlichkeit auf der Strecke bleibt, dann ist der Punkt gekommen, an dem man Schluß machen muß.
Meine letzte Beziehung dauerte acht Wochen. Ich war in Ute absolut verschossen. Ich dachte wirklich, das ist die Frau meines Lebens. Wenn ich abends allein in meiner Wohnung war, fehlte sie mir. Am liebsten hätte ich zum Telefon gegriffen und es ihr gesagt. Aber das fand ich doch

blöd. Ich dachte, die denkt nachher, ich wollte mich aufdrängen. Also ließ ich es.

Ich hätte mir mit Ute eine ganz feste Beziehung vorstellen können. So mit Zusammenleben, jede Nacht kuscheln, jede Minute Freizeit miteinander verbringen. Über diese Vision war ich selbst am meisten überrascht. Das war neu für mich.

Ich freute mich unbeschreiblich, wenn Ute Zeit hatte und wir durch die Kneipen zogen oder den ganzen Abend im Bett verbrachten. Und sie hatte immer was Ausgefallenes drauf. Mal kam sie nur mit Mantel und Strapsen bekleidet bei mir vorbei. Ich mag spontane Frauen, die auch mal Lust auf Sex pur haben. Die leidenschaftlich sind und sich gehenlassen können. Auf die normalen steh ich nicht. Dabei schlafen mir die Füße ein. Ich möchte die prickelnde Erotik spüren, und das war bei Ute der Fall. Wir haben verrückte Sachen angestellt. Manchmal haben wir aus lauter Jux nachts in einem Springbrunnen gebadet. Es war immer was los. Ute war ausgeflippt und witzig. Nicht so phlegmatisch und nörgelig wie viele andere Frauen, die ich kenne.

Wenn ich an die Zeit mit Ute denke, wird mir noch jetzt ganz anders. Ute war schon supertoll. Und intelligent obendrein. Sie arbeitete in einer Galerie und kannte sich mit Kunst aus. Durch Ute lernte ich witzige Leute kennen: Maler, Kritiker oder einfach nur Verrückte. Wenn wir zusammen ausgingen, war es spannend. Eine schöne Zeit.

Aber nach vier Wochen veränderte sich unsere Beziehung. Auf einmal wollte Ute mich ständig sehen und jede Nacht bei mir schlafen. Ja, unsere Beziehung wurde verbindlich – das ist die richtige Bezeichnung. Anfangs fand ich das toll. Aber mit der Zeit erdrückte mich diese Nähe. Ich hatte keine Chance mehr, allein zu sein. Und wenn ich mal mit Freunden rumziehen wollte, zog sie beleidigt ein Gesicht.

Ich fühlte mich vereinnahmt, und das machte mich fertig. Das hielt ich nicht aus.
Ich habe mir Gedanken darüber gemacht, warum ich das, was ich mir vorher wünschte, auf einmal nicht mehr wollte. Ich habe keine Ahnung. Vielleicht bin ich doch noch nicht reif für eine echte Partnerschaft. Obwohl ich das auf der anderen Seite auch nicht glaube. Mir ist klar, daß ich mein Leben nicht allein verbringen möchte. Ich sehne mich nach Zweisamkeit. Vielleicht war Ute einfach nicht die richtige Frau für mich.
Ich erklärte Ute, daß es so keinen Sinn habe. So eine Beziehung konnte ich nicht gebrauchen. Ich mußte Schluß machen. Für mich. Für meine Freiheit. Es war ein dramatischer Abend. Ute weinte, aber ich blieb hart.
Das Ende unserer Freundschaft akzeptierte sie nicht. Ich war erstaunt und überrascht. Ständig rief sie an, um mit mir über unsere Beziehung zu diskutieren. Manchmal stand sie auch abends vor der Tür. Eigentlich war ich schockiert. Als ich Ute damals kennenlernte, hätte ich so ein Verhalten nie vermutet. Ich dachte, die ist auch ganz cool und locker.
Mir ging es komischerweise nach den ersten paar Tagen Frust und Trauer ganz schnell wieder bestens. Die Sache war für mich abgeschlossen.
Nach Trennungen geht es mir am ersten Tag meistens schlecht. Ist halt ein ungutes Gefühl zu wissen, daß ich jemanden verletzt habe. Vielleicht quält mich mein schlechtes Gewissen. Und es waren auch immer schöne Momente dabei. Zuerst hocke ich frustriert in meiner Wohnung und lese. Am nächsten Tag ist es vorbei, dann geht es mir gut. Ich fühle mich frei und erleichtert. Dieses eingeklemmte Gefühl, diese starke Bandage um den Brustkorb ist weg. Dann zieh ich mit meinen Freunden wieder durch München und genieße meine Freiheit.«

Für seine Traumfrau wäre Stefan auch bereit, auf Seitensprünge zu verzichten. »Denn eine offene Beziehung zu führen, das finde ich nicht gut. Ich würde auch Kompromisse eingehen und die Abende nicht ständig mit meinen Freunden verbringen«, sagt Stefan. »Aber diese Frau muß selbständig sein. Denn ich nehme trotzdem viele Freiheiten in Anspruch, und eine Frau, die wie eine Klette an mir klebt, kann ich nicht gebrauchen.«
Manchmal ist Stefan sich nicht sicher, ob es diese perfekte Frau überhaupt gibt. Ist es nur ein Traumbild, eine Vision? Oder steckt in ihm eine tiefe Angst vor Bindung und Verantwortung? Aber diese Zweifel schiebt er am liebsten ganz weit weg. An solchen Abenden setzt er sich in sein Cabrio und fährt zu seinen Freunden, die schon auf ihn warten. Und dann sucht er wieder – die Traumfrau, die doch irgendwo stecken muß . . .

»Finger weg von Traummännern«

Diana ist 33, Leiterin einer PR-Agentur und verheiratet. Sie erzählt:

»Früher machte ich mir Illusionen über Männer und Beziehungen. Vertrauen, Achtung, Treue, Liebe, Ehrlichkeit und Zärtlichkeit waren für mich selbstverständlich. Aber davon wurde ich ganz schnell kuriert.
Mit 20 Jahren heiratete ich. Den Mann kannte ich drei Wochen. Er war Pilot bei der Bundeswehr, sah toll aus, war charmant und intelligent. Er trug mich auf Händen, überschüttete mich mit Geschenken und Rosen. Er war mein Traummann. Ich hatte nicht die geringsten Zweifel, ihm mein Jawort zu geben.«

Diana lächelt. Sie hat ein anziehendes, offenes Gesicht mit kleinen Grübchen neben den Mundwinkeln. Sie redet wie ein Wasserfall. Wir sitzen in ihrer Agentur. Unter dem Schreibtisch liegt Schäferhund Oskar. Diana liebt Tiere, die Natur und gutes Essen. Sie erzählt:

»Frank heiratete ich ohne Wissen meiner Eltern. Ich studierte Germanistik. Für Frank gab ich mein Studium auf. Er wurde durch die Bundeswehr ständig versetzt. Unsere Ehe begann wirklich dramatisch. Aber ich wollte es nicht wahrhaben, so vernarrt war ich in diesen Mann. Unsere Hochzeitsnacht verbrachte er bei seiner Ex-Freundin. Angeblich wollte sie sich umbringen. Tolle Hochzeitsnacht! Er schlief mit ihr statt mit mir und erzählte es mir ganz selbstverständlich, als er am nächsten Morgen betrunken in unser Bett stieg.

Er war Alkoholiker. Das wurde mir nach ein paar Monaten bewußt. Vorher hatte ich seine Sauforgien immer entschuldigt. Ich dachte, das wäre normal. Gerade für Männer, die bei der Bundeswehr arbeiten. Ich verdrängte es, wollte mein Bild von meinem Traummann nicht zerstören.

Ich war fixiert auf ihn. Hörig. Ich tat alles, was er verlangte. Ich machte keinen Führerschein, weil er das unnötig fand. Er wollte mich klein halten. Abhängig. Ich besuchte keine Freunde und brach den Kontakt zu meinen Eltern ab. Ich lebte isoliert. Mein Leben gehörte ihm.

Frank lebte über seine Verhältnisse. Teurer BMW, goldene Uhren, Designer-Klamotten. Mit seinem Gehalt konnte er sich diesen Lebensstil nicht leisten. Deshalb arbeitete ich als Verkäuferin. Wir brauchten Geld.

Mein Arbeitstag begann um 7.00 Uhr. Ich trampte ins Geschäft, Geld für eine Fahrkarte hatte ich nicht. Jeden Morgen 20 Kilometer. Um 18.00 Uhr kam ich todmüde nach Hause und versorgte die 15 Schäferhunde. Seine Hobby-

zucht. Danach kochte ich, räumte auf und bügelte seine Hemden.
Frank tat nichts. Er ließ sich bedienen, trank Bier, Wein und Schnaps. Endlich im Bett, wollte er Sex. Jede Nacht. Wenn er eingeschlafen war, lag ich neben ihm, roch seine Alkoholfahne und war unglücklich. Ich weinte mich in den Schlaf.
Frank überschüttete mich jeden Tag mit Vorwürfen. Nichts machte ich ihm recht. Ich litt, wenn er mir über seine Affären mit anderen Frauen berichtete. Er schlug mich, wenn ihm danach war. Mit einer Rasierklinge schnitt er mir im Suff die Oberschenkel auf. Ich zeigte ihn nicht an. Ich hatte Angst.
Immer wieder glaubte ich ihm, wenn er am nächsten Morgen vor mir auf den Knien lag und mich um Verzeihung bat. Ich gab meine Hoffnung, doch noch eine glückliche Beziehung mit meinem Traummann zu führen, lange nicht auf.
Ich lebte in der Hölle. Trotzdem liebte ich ihn. Erst nach zwei Jahren fand ich den Mut zur Scheidung. Ich hatte Schulden. Seine Schulden. Denn ich hatte für ihn gebürgt. Aber das war mir egal. Ich war frei. Das war die Hauptsache.
Nach Frank lebte ich mit Markus, einem Sozialarbeiter, zusammen. Ich war damals seelisch fertig. Aber Markus war lebenslustig und witzig. Ich bekam wieder Freude am Leben, fand neue Kontakte und lachte wieder.
Aber er konnte nicht mit Geld umgehen, belog mich und wurde während unserer Beziehung auch noch Vater eines unehelichen Kindes. Das war zuviel.
Danach lebte ich drei Jahre mit Manfred zusammen. Er war auch mein Traummann. So ein Tarzantyp: muskulös, schön, mit stahlblauen Augen. Er arbeitete als Metzger in

der Unternehmenskette seiner Eltern. Er war schüchtern, sagte kaum ein Wort. Ich habe ihn angesprochen.
Im Bett konnte kein anderer Mann mit ihm mithalten. In warmen Sommernächten gingen wir mit den Schlafsäcken in den Wald und liebten uns. So romantisch habe ich es nie mehr erlebt. Aber nach zweieinhalb Jahren langweilte er mich. Denn intellektuell war mein Tarzan leider eine Null.«
Diana lächelt.
»Es läuft doch immer nach dem gleichen Schema ab. Im ersten halben Jahr ist man verliebt. Alles ist rosarot, und man glaubt, es ist die perfekte Beziehung. Im zweiten halben Jahr erkennt man die Fehler des Partners und merkt, was einem in der Beziehung fehlt. Im dritten halben Jahr kehrt der normale Alltag ein. Mit Sorgen und Streß. Erst dann zeigt sich, ob die Partnerschaft funktioniert. Das tut sie mit Gerd, obwohl er nie mein Traummann war.
Gerd ist Schreiner. Nach fünf Jahren heirateten wir. Er ist ein Durchschnittstyp: groß, schlank, aber unauffällig. Männer, die nur gut aussehen und auf den ersten Blick toll wirken, sind meistens Flops. Früher war ich stolz, wenn sich andere Frauen nach meinem Freund umdrehten. Aber was nützt mir so ein Mann, wenn er mich entweder betrügt oder nur sich selbst schön findet oder dumm ist.
Ich weiß nicht, ob Gerd und ich auf Dauer glücklich sein werden. Wenn ich jemals die Ehe bereuen sollte, dann laß ich mich scheiden. Ausharren um jeden Preis – das will ich nicht. Ich trenne mich, wenn ich spüre, daß ich seelisch und nervlich draufzahlen muß.
Die Trennungen haben mir in meinem Leben sehr weh getan. Wenn ich diesen Schmerz überwunden hatte, fragte ich mich immer, was ich von dem jeweiligen Mann gelernt hatte. Bei meinem Ehemann weiß ich es schon jetzt: Er hat mir gezeigt, daß man auch einfach mal, ohne Gegenleistun-

gen zu erwarten, für den Partner etwas tut. Ich habe gelernt, wie man, ohne zu fordern, Liebe gibt und auch annimmt. Und ich habe gelernt, daß eine Beziehung ausgewogen sein muß. Beide müssen geben, aber beide müssen auch nehmen können.«

»Ich habe keine Lust mehr«

Petra ist 32 und Journalistin. Sie berichtet:

Wenn mir früher ein Freund oder eine Freundin prophezeit hätten, ich würde Jahre ohne feste Partnerschaft leben – ich hätte schallend gelacht. Ich doch nicht! Ich, das liebevolle, ganz auf Harmonie und Partnerschaft ausgerichtete Wesen, das immer auf der Suche nach der Zweisamkeit ist, von der Sehnsucht erfüllt, sich nachts richtig anzukuscheln und das angewinkelte Knie auf den Unterleib des Liebsten zu legen. Nein – ich wollte immer mit jemandem zusammensein. Aber vor drei Jahren änderte sich das.

Im Zusammenleben mit einem Partner fühlte ich mich wohl, warm und geborgen. Zumindest anfangs. Ich träumte von gegenseitiger Akzeptanz, Verständnis und gemeinsamen Zielen. Wenn das mal wieder nicht funktionierte und die Partnerschaft in Kleinkrieg und unsäglichen Verletzungen ausartete, fühlte ich mich schuldig und für das Scheitern verantwortlich. Was machte ich nur falsch? Dabei gab ich mir Mühe, war nachsichtig und immer bereit, die Probleme meines Partners anzuhören, mit ihm darüber zu diskutieren und ihm zu helfen.

In irgendeinem Winkel meines Herzens träumte ich von einer Ehe und Kindern. Wahrscheinlich ist das natürlich.

Selbst wenn man wie ich voll in seinem Beruf aufgeht, ihn liebt und nie darauf verzichten will.
Ich bin Journalistin. Schreiben ist ein Teil meiner Persönlichkeit. Ich kann nicht davon lassen, sonst stirbt ein Teil von mir. Muß ich mich entscheiden? Entscheiden zwischen dem liebevollen Weibchen und der knallharten, autarken Busineßfrau?
Blauäugig glaubte ich, meine Mischung aus Zärtlichkeit, Intellekt und Stärke müßte für jeden Mann aufregend und erstrebenswert sein. Das wäre die ideale Basis für eine erfüllte Freundschaft oder Ehe. Ich hielt an meinem Vorsatz fest: Ich will beides haben, die Erfüllung im Beruf und die Liebe in einer Partnerschaft.
Was für ein wahnwitziges Unterfangen! Zwei langjährige Beziehungen habe ich hinter mir. Die eine dauerte acht Jahre, die andere fünf. Ich war bereit, mein Singledasein aufzugeben und mit meinem Freund zusammenzuleben: mit gemeinsamer Wohnung, Hausstand und tausend hochfliegenden Plänen für die Zukunft. Und mit der Illusion, zusammen alt zu werden.
Ich hatte das Vertrauen, mein Partner würde ordentlich und vorsichtig mit meinen Gefühlen umgehen. Ich engagierte mich, steckte zurück, ging Kompromisse ein und kämpfte für unsere Liebe.
In diesen Zeiten rückten mein Beruf und mein Karrierebewußtsein an die zweite Stelle. Das fand ich in Ordnung. Denn eine Beziehung zu führen ist für mich auch ein Stück Arbeit. Und dazu war ich bereit. Ich war bereit, mich zu erklären, Bedürfnisse und Wünsche mit meinem Partner zu erörtern und einen gemeinsamen Nenner zu suchen. Ich erzählte von meinem Leben, meinen Ängsten, meinen Erfahrungen, Meinungen und so weiter. Das alles kostete Zeit und Nerven. Aber das war es mir wert.

Das ist nun vorbei. Ich habe keine Lust mehr. Denn alle Beziehungen endeten in einer Katastrophe. Ich habe mich gefühlsmäßig zu tief auf die Partner eingelassen und zu wenig Sicherheitsnetze gespannt. Ich wurde ausgenutzt und zum seelischen Mülleimer meiner Partner. Ich, die starke Frau, mußte alles verstehen, helfen und jedes Fehlverhalten akzeptieren. Aber wenn es mir schlechtging, war ich ganz allein. Ohne Verständnis, ohne Trost, ohne Schulter zum Anlehnen.
Ich litt besonders, wenn sich diese Beziehungen dem Ende näherten. Meine Persönlichkeit veränderte sich. Ich fühlte mich bedrückt, ohne Power und nur noch fixiert auf die Beziehung, die ich um jeden Preis wollte. Denn ich war besessen von der Vorstellung, daß Zweisamkeit und Partnerschaft Ziel Nummer eins in meinem Leben waren. Ich brauchte Monate, um mich zu trennen, mich von der Depression zu befreien und wieder Freude am Leben und meiner Arbeit zu haben.
Manchmal frage ich mich, ob meine Ansprüche an Männer nicht zu hoch sind. Ob ich das Idealbild eines Traummannes und einer Traumbeziehung im Kopf habe, die sich nie erfüllen kann. Aber sind meine Ansprüche wirklich zu hoch? Manchmal glaube ich, daß dies nicht der Fall ist. Ich möchte einen Partner, der mich wirklich als Partner akzeptiert. Mit dem ich nicht in Machtkämpfe verwickelt werde, der sich nicht ständig untergebuttert fühlt oder mich unterbuttern will. Ich bin bereit zu geben, aber ich möchte auch nehmen. Ich will nicht, daß eine Beziehung auf meine emotionalen Kosten geführt wird. Ich möchte mein berufliches Engagement behalten dürfen und nicht nur Hausfrau und Mutter sein.
Ich möchte einen Mann, mit dem ich mich intellektuell auseinandersetzen kann. Keinen Softie, keinen Schlaffi,

aber auch keinen Macho. Ich möchte mit ihm die Hausarbeit teilen und auch die Freizeit. Ich möchte Freiraum, aber auch Nähe und ein tiefes gegenseitiges Vertrauen. Ich möchte, daß er mich als Persönlichkeit anerkennt und nicht an mir rumdoktern will. All das möchte ich auch meinem Partner geben.

Das hört sich wie eine Liste unerfüllbarer Wünsche an. Ich weiß. Aber wie soll ich sonst anderen meine Bedürfnisse erklären? Ich glaube, so muß eine Beziehung aussehen. Das ist nicht zuviel verlangt. Und Forderungen und Ansprüche sind zulässig.

Ich habe mich entschieden: Mit einem Kompromiß kann und will ich nicht leben. Das würde mich unglücklich machen und meine Persönlichkeit zerstören.

Schluß. Aus. Ich will keine halben Sachen. Seit drei Jahren lebe ich jetzt als Single und bin glücklich. Komischerweise verstehen viele Freunde das überhaupt nicht. Sie sind immer auf der Suche nach Anzeichen, daß mein locker-flokkiges Singledasein doch nur Tarnung ist. Aber ich fühle mich wohl. So wohl wie schon lange nicht mehr.

Ich behaupte nicht, daß ich die nächsten zwanzig Jahre so verbringen will. Vielleicht läuft mir ja doch mal der Traummann über den Weg. Jetzt will ich aber so leben. Ich fühle mich nicht einsam, wenn ich daheim an meinem Schreibtisch sitze und arbeite oder auf Geschäftsreise bin und nicht noch ein kurzes Nachtgeplänkel mit meinem Freund habe. Ich genieße mein Alleinsein. Ich kann planen und leben, wie es mir gefällt. Ich benutze Männer ebenso, wie sie mich früher benutzt haben. Ich nehme sie, wann ich sie brauche. Ansonsten will ich meine Ruhe haben.

Ich fahre allein in Urlaub und könnte jeden Tag in der Woche x-mal verplanen. Ich spiele mehrmals in der Woche Tennis, gehe ins Sportstudio und zum Schwimmen. Ich freue mich auch, wenn ich einfach nur in meiner Wohnung rumlümmle: lese, nachdenke oder so profane Dinge tue, wie in den Fernseher zu starren. Ich freue mich, wenn ich nachts auf meinem Computer rumhacken kann, ohne einen vorwurfsvollen Blick zu ernten. Und ich bin fast immer fröhlich. Ich fühle mich wohl. Mein Leben gehört mir, und das soll auch so bleiben.

Ich hatte und habe mehrere Kurzbeziehungen. Natürlich möchte ich auf Sex und ein bißchen Kuscheln nicht verzichten. Das brauche ich zum Wohlfühlen. Aber mehr will ich nicht. Ich habe Panik davor, daß sich so ein Kerl bei mir in der Wohnung einnisten könnte.

Eigentlich mache ich das gleiche, worüber ich mich früher bei manchen Männern so aufregte. Sobald mir jemand zu nahe kommt, mich vereinnahmen will, und versucht, eine feste Beziehung aufzubauen, trete ich den Rückzug an. Ich fühle mich nur in der Lage, Beziehungen auf Distanz zu führen. Ich schlafe mit Männern, wenn ich Lust dazu habe. Ich brauche ihre Verführungsnummer nicht. Ich sage ganz klar, was ich will. Lust und Sex – sonst nichts.

Und wenn jemand meine Bedingungen nicht akzeptiert, dann trenne ich mich eben wieder. Ohne schlechtes Gewissen, ohne Traurigkeit. Denn mein Herz und meine Gefühle gehören mir. Diesen Männern habe ich nie ein Stück davon gegeben. Für ihre seelischen Probleme und ihre Gefühlsduseleien, die nach ein paar Monaten sowieso zu Ende sind, sollen sie sich doch eine andere Dumme suchen.

Ich habe keine Lust mehr.«

6 Liebe, Liebe und nochmals Liebe

Liebe ist das Kind der Freiheit.
Niemals das der Beherrschung.

Es gibt die Liebe auf den ersten und auf den zweiten Blick, die abhängige Liebe, die romantische Liebe, die leidenschaftliche Liebe, die süchtige Liebe und die unglückliche Liebe. Liebe hat unzählige Facetten, und es gibt ebenso viele Versuche, Liebe zu erforschen und herauszufinden, wie sie entsteht. Ist Liebe Glück, Zufall oder vielleicht eine Kunst?

Eines der schönsten Erklärungsmodelle steht in Platons »Symposion«, in dem Aristophanes einen alten Mythos über die Liebe aufgreift. Nach der überlieferten Vorstellung war der Mensch ursprünglich rund. Er hatte vier Arme, vier Beine und »zwei Angesichter auf einem kreisrunden Hals . . . und einen gemeinsamen Kopf.« Diese skurrilen Wesen waren mächtig, voller Hochmut, und sie trotzten den Göttern. Deshalb bestrafte sie Zeus und zweiteilte sie. Bis dahin gab es keine Liebe, denn die Wesen waren vollständig. Aber jetzt fühlte sich jede Hälfte einsam und sehnte sich nach dem Gegenstück, und wenn »einmal einer seine wahre eigene Hälfte antrifft . . . dann werden sie wunderbar entzückt zu freundlicher Einigung und Liebe«.[10]

Immer, wenn sich die zueinanderpassenden Menschenhälften begegnete, versuchten sie, wieder zusammenzuwachsen. Aber es gelang ihnen nicht. Zeus erbarmte sich und schenkte ihnen Geschlechtsorgane, so daß sie sich wenigstens zeitweilig vereinigen konnten. So entstanden Liebe, Sex und Erotik.

Romantiker sind überzeugt, daß irgendwo auf der Welt für jeden ein Mensch existiert, der für ihn als Liebespartner bestimmt ist. Viele Menschen sind ständig auf der Suche nach dem Partner, der ihr perfektes Gegenstück darstellt. Sie wollen Vereinigung, Übereinstimmung, Liebe. Es ist auch die Suche nach einer Seelenverwandtschaft.

Der Psychologe Fritz Riemann definiert Liebe als den »Wunsch, einem anderen wohltun zu wollen«. Für Erich Fromm ist »Lieben eine Kunst, genauso wie Leben eine Kunst ist«. Die reife, echte Liebe ist für ihn »eine Vereinigung, bei der die eigene Integrität und Individualität bewahrt bleibt. Liebe ist eine aktive Kraft im Menschen«.[11]

Das Lexikon spricht von einer »Bezeichnung für die verschiedenen Formen der gefühlsmäßigen und wechselseitigen Bindung des Menschen, die sich meist in Streben nach Vereinigung beziehungsweise Besitzenwollen und in der Bereitschaft zur Hingabe ausdrückt«.[12]

Liebe ist eines der wichtigsten Themen in unserem Leben. Sie beschäftigt Sprachforscher, Historiker, Ärzte, Philosophen, Theologen und Naturwissenschaftler. Biochemiker wissen, daß es zu einem Aufruhr in unserem Innenleben kommt, wenn wir verliebt sind: Unser Herz schlägt schneller, der Blutdruck schießt in die Höhe, Zucker und Fett werden freigesetzt, die Hirnanhangdrüse sendet Befehle an die Nebenniere aus, die Hormone ausschüttet.

Liebe und Liebesprobleme haben sich in unserer Gesellschaft zu einem florierenden Geschäftszweig entwickelt.

Psychotherapeuten lehren uns, wie wir mit Beziehungen und unseren Gefühlen umgehen sollen. Sexualtherapeuten geben uns Tips für den perfekten Orgasmus. Esoteriker und Philosophen fahnden nach dem höheren Sinn der Liebe und Partnerschaft. Astrologen versuchen mit Hilfe der Sterne, unseren Partner fürs Leben zu finden. Filmemacher und Schlagersänger füllen mit unserer Liebessehnsucht die Kassen. Streifen wie »Vom Winde verweht«, die sich mit der romantischen Liebe beschäftigen, werden ebenso zu Publikumserfolgen wie Filme, die Hindernissen und der Schwierigkeit zu lieben nachgehen wie »Die unerträgliche Leichtigkeit des Seins« oder »Harry und Sally«. Beziehungsbücher werden zu Bestsellern, und Groschenhefte verkaufen sich mit süßer Liebesduselei und Happy-End-Mentalität über 300 Millionen Exemplare pro Jahr.

Liebe ist das am meisten gebrauchte und mißbrauchte Wort: Wir lieben uns selbst, wir geben vor zu lieben, um andere zu betrügen, wir lieben unsere Eltern, unseren Partner, wir lieben sogar unser Haustier, unser Auto, unser neues Kleid. Wir lieben Aufregungen, Komplimente, Geschenke. Aldous Huxley schrieb schon 1946 in seinem Roman »Brave New World«, Schöne neue Welt, über den modernen Menschen: »Er ist gut genährt, sexuell befriedigt, aber ohne Selbst und steht nur in einem höchst oberflächlichen Kontakt mit seinen Mitmenschen.«

Warum schaffen wir es oft nicht, über diesen oberflächlichen Kontakt hinauszukommen? Oberflächlichkeit in diesem Sinne ist nicht nur mit kurzzeitigen Beziehungen gleichzusetzen. Es gibt Partner, die viele Jahre und Jahrzehnte zusammenleben, die aber unbeteiligt nebeneinanderher laufen.

Wir haben Angst vor der Liebe, denn der größte Schatten, der über ihr liegt, ist unsere Furcht, sie könnte enden. Trotzdem fiebern wir diesem Liebesgefühl entgegen und sind in unserem tiefsten Inneren zwiegespalten: Wenn wir nicht verliebt sind, wünschen wir uns, wir wären es. Wir sehnen uns nach dem prickelnden Hochgefühl, nach Sicherheit und möchten eine wichtige Rolle im Leben eines anderen Menschen spielen. Wenn wir geliebt werden, haben wir das Gefühl, als Mensch angenommen zu sein und so akzeptiert zu werden, wie wir zu sein glauben. Das Liebesgefühl nährt unsere Vorstellung und Sehnsucht nach dem Ideal einer »heilen Welt mit einer heilen Beziehung«. Aber wenn wir lieben, ist sie auch wieder da – unsere Angst, auch diese Liebe könnte ein Trugbild sein.

Liebe läßt sich nicht heraufbeschwören, Liebe kommt, und Liebe geht. Wir haben uns schon oft die Frage gestellt, warum wir uns gerade in einen bestimmten Menschen verlieben. Warum nicht in einen anderen, und weshalb jetzt?

Diese Frage kann nicht endgültig geklärt werden. Dazu gibt es verschiedene Theorien. Die eine erklärt die Wahl unseres Liebespartners mit Erlebnissen und Entwicklungsprozessen in unserer Kindheit. Es gibt das Modell der Entsprechungstheorie, nach der alle Menschen durch unser Partnerraster fallen, die sich zu sehr von uns unterscheiden. So werden alle unsere Erfahrungen aus der Kindheit mit Vater und Mutter, mit ihrem Verhalten, mit ihrem Temperament, dem Zusammenspiel der beiden Elternteile in unserem Unterbewußtsein gespeichert, und daraus bildet sich der Maßstab, nach dem wir unseren Liebespartner auswählen. Wir richten uns in unserem eigenen Rollenverhalten nach unserem gleichgeschlechtlichen Elternteil. Manchmal sind unsere Wünsche aber auch umgekehrt gepolt, und wir wollen lieber die Verhaltensweisen unseres gegengeschlechtlichen Elternteils übernehmen.

Natürlich gibt es für jede These eine Antithese. Der Volksmund weiß: Gegensätze ziehen sich an. Wir verlieben uns in den Menschen, bei dem eben die Persönlichkeitsstrukturen ausgeprägt sind, die wir selbst nur mangelhaft entwikkelt haben.

Liebe entsteht zuerst in uns selbst. Es ist eine kreative Synthese, durch die wir unsere innersten Wünsche und Träume erfüllen möchten. Für den französischen Romancier Stendhal ist Liebe ein Akt der Imagination. Zuerst ist die Bewunderung für einen Menschen da, die unsere Phantasie in Gang setzt. Dazu kommt ein Hoffnungsschimmer, daß die Liebe auf Gegenseitigkeit beruht. Die geliebte Person muß positiv auf unsere Zuneigung reagieren. Unser gesamtes Denken ist dann darauf gerichtet, alle Verhaltensweisen und Dinge bei dem geliebten Menschen so zu werten, daß sich ein noch vollkommeneres Bild formt. Dieses Phänomen bezeichnet Stendhal als Kristallisation, die moderne Psychologie nennt es Idealisierung.

Wenn wir in unserem Innersten bereit sind, uns zu verlieben, sehen wir intuitiv nur das Positive bei unserem Liebespartner. Wir sehen ihn durch eine rosafarbene Brille.

Warum ist es so schwierig, eine wirklich erfüllende Beziehung einzugehen? Aufgrund unseres Wissens über Trennungen und die häufige Erfahrung, daß Beziehungen zum Konsumgut degradiert werden, wächst auch unsere Angst vor der Enttäuschung. Das kapitalistische System fördert die Lust am Kaufen und die Idee des günstigen Tauschgeschäfts, und dies wirkt sich über den Markt hinaus auch auf die Beziehungen zwischen Menschen aus.

So wird Liebe vom sozialen Charakter des modernen Menschen geprägt.[13] Viele Menschen betrachten ihre Mitmenschen unter einem ähnlichen Aspekt. Zwei Menschen verlieben sich ineinander, wenn sie das Gefühl haben, gemessen an ihrem eigenen Marktwert das beste Objekt gefunden zu haben; sie hoffen auf ein faires Geschäft und

erwarten von ihrem Liebespartner, daß er möglichst viel von dem gibt, was sie selbst nicht besitzen. Sie möchten ihren Spaß haben, sich wohl fühlen und durch den Liebespartner in Hochstimmung versetzt werden.
Kein Wunder, daß wir im Laufe unseres Lebens immer öfter auf Menschen treffen, die im Partner nur die Ressourcen für die Befriedigung eigener Bedürfnisse sehen. Wir werden nicht als Person akzeptiert und geliebt, sondern als Materiallager für Geld, Schönheit, Lebensfreude, soziale Anerkennung, Ideen etc.
Der Paar- und Familientherapeut Jürg Willi schreibt dazu: »Das Bedürfnisdenken macht aus Mitmenschen eine Konsumware. Die Partner sind austauschbar. Es wird die Illusion erzeugt, der Mensch habe ein Anrecht auf Befriedigung seiner Bedürfnisse und reagiere liebevoll, wenn die Bedürfnisse befriedigt, jedoch wütend und aggressiv, wenn sie frustriert werden. Soweit Partnerbeziehungen unter der Perspektive der Bedürfnisbefriedigung gesehen werden, verhält sich der Mensch diesbezüglich nicht anders als im materiellen Bereich.«[14]
Da wir diese Gefahr kennen und befürchten, in die Falle zu geraten, wird Lieben zunehmend problematischer und zum Wagnis. Denn wir müssen uns innerlich öffnen, damit Nähe überhaupt möglich wird. Wir müssen dem anderen vertrauen, und wir brauchen die Gewißheit, daß er mit unseren Ängsten, Gefühlen und Empfindungen gut und vorsichtig umgeht. Aber eine Garantie für die richtige, echte und reife Liebe können wir nicht bekommen, und so wächst unsere Angst.
Je öfter wir negative Erfahrungen mit der Liebe gemacht haben, um so vorsichtiger agieren wir und wenden alle möglichen Tricks an, um aus einer Gefühlsbindung auszusteigen, bevor sie zu eng und tief wird. Wir begeben uns

beispielsweise auf Fehlersuche. Dabei gehen wir so systematisch vor, als wollten wir falschen Befehlen in einem Computerprogramm auf die Schliche kommen. Jedes Verhalten unseres Partners überprüfen wir nach negativen Punkten und Schwachstellen und nehmen es kritisch unter die Lupe.

So geschieht es, daß wir die vorher liebenswerten Eigenschaften eines Menschen plötzlich als unmöglich und nicht akzeptabel werten. Dann ziehen wir uns wieder in uns selbst zurück und schaffen nie mehr als die ersten Stufen auf dem Weg zur Liebe.

Oder wir sind so sehr auf Selbstschutz bedacht, daß wir uns das Verliebtsein erst gestatten, wenn wir sicher wissen, daß der andere sich ernsthaft in uns verliebt hat. Aber durch unser Warten und unsere Habachtposition versuchen wir den anderen zu manipulieren und ihm immer neue Liebesbeweise abzuverlangen. Auf diese Weise können wir uns zwar kurzfristig seiner Liebe versichern, nehmen uns aber selbst die Chance, uns dem anderen ganz hinzugeben.

Aber auch unser Liebespartner kann Angst vor den Ansprüchen des Verliebten bekommen. Es ist die Angst, vereinnahmt und verschlungen zu werden. Angst, daß das Leben dann nicht mehr einem selbst gehört. Es ist die Angst vor dem Wir und der Aufgabe des Ichs.

Es gibt auch Menschen, die sich nur so lange zu ihrem Liebesobjekt hingezogen fühlen, wie sie es umwerben müssen. Es sind die Jäger, denen die Jagd wichtiger als die Beute ist. Sie suchen nur das Prickeln während der Eroberungsphase, die Erregung, ob sie ihr Ziel erreichen oder nicht. Die Beute erscheint ihnen, wenn sie sie haben, uninteressant und langweilig. Solche Menschen leben in einem ständigen Wechsel zwischen Spannung, Liebe und Enttäuschung. Sie sind unfähig, wirklich zu lieben, weil in ihrem Innersten die Angst vor der Liebe unermeßlich groß ist. Und deshalb schützen sie sich davor.

Peter, 48, EDV-Berater, gehört zu den Menschen, die die Aufgabe »Liebe« nicht meistern können. Er erzählt: »Ich lernte Christine in einer Diskothek kennen. Ich war von ihrem Lachen, ihren Augen und der Art wie sie tanzte fasziniert. Auf der Tanzfläche vergaß ich alle anderen Menschen um uns herum. Ich sah nur noch sie. Ich habe in meinem ganzen Leben noch nie soviel Aufwand betrieben, um ein Mädchen wiederzutreffen. Ich kannte nur ihren Vornamen und wußte, daß sie vor einem Jahr ihren Studienabschluß in München gemacht hatte. Ich ging zur Universität und schrieb mir sämtliche Nachnamen von Mädchen, die Christine hießen, heraus. Ja, und so fand ich sie.
Alles an ihr bewunderte ich: ihre selbstsichere Art, ihre Fröhlichkeit, ihre Zielstrebigkeit, ihre Unternehmungslust und daß sie viel Spaß am Sex hatte.
Eigentlich fand sie mich nicht so toll wie ich sie. Also gab ich mir viel Mühe, sie zu beeindrucken. Ich warb mindestens ein halbes Jahr, dann waren wir endlich ein Paar. Wenn sie mich damals hätte heiraten wollen, ich wäre sofort mit ihr zum Standesamt gerannt. Christine war für mich die vollkommene Frau.
Als ich endlich spürte, daß sie meine Liebe erwiderte, ging es schleichend abwärts. Mir ging ihre Offenheit anderen Menschen gegenüber auf die Nerven. Kaum waren wir in einem Lokal, hatte ich schon das Gefühl, sie flirtet mit anderen Männern. Wir gingen auch nicht mehr tanzen, weil ich ihre Art, sich auf der Tanzfläche zu bewegen, nur noch aufreizend fand. Und mich störte auch, daß sie jeden Abend mit mir schlafen wollte. Kochte sie abends nicht, wenn ich nach Hause kam, warf ich ihr Egoismus und Lieblosigkeit

vor. Stand dagegen das Abendessen auf dem Tisch, regte ich mich auf, daß sie nicht auf meine Linie achte.
Ich weiß auch nicht, was passiert ist, aber all die Eigenschaften, die ich vorher bewundert hatte, machten mich zunehmend aggressiver, und je länger wir zusammen waren, um so stärker wurde mein Gefühl, daß Christine nichts für mich tat.«
Auf solche Liebesunfähigkeit und Liebesängste treffen wir in unserer Gesellschaft immer häufiger.

Abarten der Liebe

Viele Formen der Liebe sind verstümmelt. Hierbei ist eine Art Liebe am weitesten verbreitet, die aus einem bestimmten Zweck heraus erwächst. Der eine gaukelt sich und anderen Liebe vor, weil er Trennungsschmerz oder Langeweile überwinden will, der andere sucht Bestätigung, Anerkennung oder Sex. Diese Liebe soll einen Nebenzweck erfüllen, der selbst nichts mit Liebe zu tun hat, sie soll lediglich bestimmte eigene Bedürfnisse stillen. Man kann sie als neurotisch bezeichnen.
Neurotische Beziehungen sind häufig. Sie resultieren aus Abhängigkeitsbedürfnissen oder der Angst vor dem Alleinsein. Grundvoraussetzung für die neurotische Liebe ist, daß einer oder beide Liebespartner sich noch an eine Elternfigur gebunden fühlen. Alle Ängste, Erwartungen, Hoffnungen und Wünsche, die sich früher auf Vater oder Mutter bezogen, werden jetzt auf den Liebespartner projiziert. Der muß für alles herhalten, was die Elternfigur in übertriebenem Maße gegeben oder versäumt hat. Ein Neurotiker mit einer so infantilen Bedürftigkeit mag zwar intellektuell oder gesellschaftlich auf der Stufe seines wirklichen Alters

stehen, im Innersten, in seinem Gefühlsleben, agiert er wie ein Kind.
Oft sind es die Männer, die ein Mutterproblem mit sich herumschleppen – sie verlangen nach mütterlichem Schutz, Liebe, Bewunderung und Fürsorge. Auf den ersten Blick können diese Männer sehr charmant und liebevoll sein. Wenn die Frau nach einiger Zeit ihren Erwartungen doch nicht voll entspricht, kommt es zu heftigen Konflikten, Gefühlsausbrüchen und lieblosem Verhalten. Und egal, wie sehr sich eine Frau bemüht, dem Mann gerecht zu werden, sie schafft es nicht: Denn dieser Mann will ständig bewundert, geliebt und beschützt werden; im Extremfall muß sie sogar bereit sein, ihm seine Affären mit anderen Frauen zu verzeihen. Solche Männer fühlen sich stets unfair behandelt und beklagen sich über das Unverständnis ihrer Partnerin.

Christine, 32, ist die Freundin des 48jährigen EDV-Beraters Peter. Sie erzählt: »Eigentlich konnte ich nie begreifen, was aus diesem netten, fürsorglichen und liebevollen Mann geworden war. Als wir uns kennenlernten, war ich von seinem Engagement beeindruckt. Er war immer für mich da und gab sich Mühe, mir eine Freude zu machen: Mal kam er mit Blumen, Theaterkarten oder kaufte aufwendig fürs Wochenende ein, damit wir gemeinsam kochen konnten. Ich gebe zu, daß ich mich am Anfang sehr wenig bemühte und seine Aufmerksamkeiten genoß. Aber mit der Zeit fing ich an, mich ebenfalls zu engagieren. Ich verliebte mich, und nach ein paar Monaten vertiefte sich diese Empfindung zu wirklicher Liebe. Ich reduzierte sogar mein berufliches Engagement, damit wir mehr Zeit miteinander verbringen konnten.
Ich arbeite als Journalistin, schreibe normalerweise abends

und lege meine Termine aufs Wochenende, weil ich dann die meisten Leute problemlos erreiche. Aber damit hörte ich auf – die Stunden am Abend und das Wochenende sollten nur noch uns gehören. Ich fing wieder an zu kochen und versuchte, Peter zu verwöhnen. Aber ich erreichte nur das Gegenteil: Obwohl ich mich abstrampelte, um ihm alles recht zu machen, wurde er zunehmend muffiger. Mal kochte ich zuviel, mal zu wenig, mal war ich zu selbständig, dann wiederum zu anhänglich. Er erzählte mir die Geschichten von seiner Mutter, die ebenso egoistisch wäre wie ich und ihm sogar als kleinen Jungen mit zu engen Schuhen hätte rumlaufen lassen.
Mit der Zeit ließ er jede seiner Launen an mir aus: Hatte er Ärger im Büro, saß er verschlossen, mißgelaunt und schweigend auf dem Wohnzimmersofa. Fast täglich hörte ich von ihm Sprüche wie: ›Beweise mir, daß du mich liebst.‹ Ich wußte aber nicht wie und erhielt die Antwort: ›Mache dir eine Liste, womit du mir eine Freude bereiten kannst, und tu jeden Tag etwas für mich.‹
Ganz schön pervers, aber in dieser Zeit fing ich wirklich an, an mir selbst, meinem Verstand und an dem, was falsch und richtig ist, zu zweifeln. Und als ich ihn bei einem Seitensprung erwischte, war seine Antwort: ›Du bist selber schuld. Du gibst mir halt nicht das Gefühl, daß du mich wirklich liebst.‹«

Solche neurotischen Charaktere zu bekehren, ist ein sinnloses Unterfangen. Die Gefahr, sich selbst zu verlieren, ist zu groß. Denn irgendwann befindet man sich in der Situation, daß sich das gesamte Denken, Fühlen und Handeln nur noch um den neurotischen Partner und die neurotische Partnerschaft dreht. Man gerät in einen Teufelskreis der Gefühle, aus dem man so schnell nicht mehr herausfindet.

Von solchen Partnern sollte man rechtzeitig Abstand nehmen, denn als Partnerin kann man auf Dauer keine therapeutische Funktion übernehmen.
Eine ähnliche Abart der Liebe, die ebenfalls aus einer Bindungsstörung zur Mutter resultiert, ist die narzißtische Beziehung. Narziß ist eine griechische Sagengestalt. Nach dieser Sage verschmäht ein schöner Jüngling die Liebe einer Nymphe und wird von ihr mit solcher Selbstliebe gestraft, daß er sich nach seinem eigenen Spiegelbild, das er im Wasser erblickt, verzehrt.
Ein narzißtischer Mensch braucht die Bewunderung. In extremer, schädlicher Ausprägung benutzt er Menschen nur, um seinen eigenen Glanz widerzuspiegeln und um ein neues Schmuckstück zu besitzen. Solche Menschen nehmen den Partner nicht als eigenständiges Individuum wahr, sondern nur als Erweiterung des eigenen Selbst. Sie möchten sich erhöhen, ergänzen und schmücken.[15]
Auch der Narzißt sehnt sich im Grunde nach dem Urzustand im Mutterleib zurück. Durch die Hoffnung auf vollkommene Harmonie erlebt er aber nur Enttäuschungen. Deshalb reagiert er mißtrauisch, verbittert und glaubt nicht mehr an Liebe, da sie für ihn nur die Gefahr von Verletzungen in sich birgt. Der Narzißt reagiert überempfindlich auf die Weigerung, ihn ständig zu bewundern und zu unterstützen. Erfüllt eine Person diese Ansprüche nicht, wird sie ausgestoßen und auf seine schwarze Liste gesetzt.
In einer Paarbeziehung steht der Narzißt vor einem unlösbaren Dilemma. Denn in seiner Vorstellung gibt es nur eine Alternative: entweder er gibt sich für den Partner auf oder der Partner für ihn. Eine Liebesbeziehung ist für ihn die Verschmelzung mit dem anderen, aber diese stellt für sein labiles Selbstwertgefühl gleichzeitig eine schwere Bedrohung dar.

Der Narzißt löst eine Beziehung oft genau dann schlagartig, wenn er sein Liebesobjekt erobert hat. Solche Männer erleben wir als den Typ Don Juan, der Bettabenteuer und Herzen sammelt und an einer echten, tiefen Beziehung nicht interessiert ist. Denn nach dem Eroberungsfeldzug kommen auch Verantwortung und Verbindlichkeit, aber die lehnt der Narzißt ab. Er braucht nur kurzfristig eine Verschmelzung mit dem Partner. Nähe auf Dauer erscheint ihm bedrohlich. Für Partner solcher Menschen ist es daher unbegreiflich, warum sie sich in dem Augenblick von der Beziehung distanzieren, in dem echte Nähe zu spüren ist.

Die 24jährige Claudia berichtet: »Mit Thomas verstand ich mich auf Anhieb so gut, als kannten wir uns schon eine Ewigkeit. Für mich war er ein Mann, der sich nicht auf plumpe Anmachsprüche verlegt hatte. Thomas erzählte viel von sich, von seinen Gefühlen und Wünschen. Etwas, das ich sehr schätze und das ja auch sehr selten ist. Ich war damals noch mit Matthias befreundet, und zum erstenmal seit Jahren spürte ich wieder Prickeln, Herzklopfen und hatte das Gefühl, daß mich ein Mann wirklich versteht. Meine Beziehung zu meinem Freund war damals auf dem absteigenden Ast. Nach drei Jahren hatten wir uns nur noch wenig zu sagen, und abends hockten wir fast immer vor dem Fernseher. Mit Thomas war das anders. Wir konnten stundenlang reden, und er hörte auch zu: zum Beispiel, wenn ich von meinen Problemen mit meinem Freund erzählte und von meinem Wunsch, nach dem Studium Karriere zu machen.
Als ich im Krankenhaus lag, fuhr Thomas jeden zweiten Tag 150 Kilometer weit, um mich zu besuchen. Ich glaubte wirklich, der Mann wäre die Liebe meines Lebens. Ihm könnte ich vertrauen, wir gehörten zusammen. Fast ein

Jahr lang bemühte sich Thomas um mich und meine Liebe. Ich war wirklich überzeugt von unserer Zukunft, als ich meinen Freund verließ und zu Thomas nach München zog. Nach vier Wochen, als ich im siebten Himmel der Glückseligkeit schwebte, war alles vorbei. Thomas fuhr mit einer Ex-Freundin für zwei Wochen nach Schottland. Seine Erklärung: ›Die braucht mich jetzt, und außerdem glaube ich, daß wir doch nicht zueinanderpassen. Du bist nicht intellektuell genug, ich brauche eine Frau, die eine Vision im Leben hat.‹ Ich brauchte lange, um über diese Erfahrung hinwegzukommen. Bei jedem Mann, den ich heute kennenlerne, habe ich Angst, wieder an so einen verkappten beziehungsunfähigen Narzißten zu gelangen.«

Nach Erich Fromm hängt unsere Fähigkeit zur Liebe davon ab, ob es uns gelingt, unseren Narzißmus und die inzestuöse Bindung an die Mutter und die Sippe zu überwinden.[16] Unser Narzißmus muß gering sein, damit wir in der Lage sind, zwischen dem narzißtisch entstellten Bild, das wir uns von unserem Partner machen, und dem wirklichen Menschen mit seiner Persönlichkeit, Unabhängigkeit und eigenen Interessen zu unterscheiden. Denn nur wenn wir den Menschen und nicht unser Bild von ihm akzeptieren und lieben können, sind wir in der Lage, eine echte Partnerschaft und Liebe aufzubauen.

Was fordern Frauen, was fordern Männer?

Mann, o Mann – er hat es nicht leicht. Hin und her gebeutelt von den unterschiedlichsten Ansprüchen, die ihm Frauen entgegenschleudern: Mal wünschten sie ihn sich sanft und gefühlvoll, ein paar Jahre später hart und kernig. Mal wird seine höfliche Anstrengung, Türen aufzuhalten und das Abendessen zu bezahlen, als chauvinistischer Versuch gewertet, die Emanzipation zu untergraben. Tut er es nicht mehr, muß er sich rechtfertigen, weshalb er nichts von Höflichkeit hält. »Manchmal weiß ich überhaupt nicht mehr, wie ich mich verhalten soll«, sagt der 33jährige Anlageberater Bernd. Seine Männlichkeit ist erschüttert. Fast 5000 Jahre beherrschten Männer die Welt. Aber heute kann der Mann sich auf der Suche nach seiner Identität nicht mehr auf die Tradition stützen. Er muß nicht mehr stark sein, denn körperliche Kraft ist in unserer Gesellschaft viel weniger gefragt als früher. Und sie spielt in einer Partnerschaft auch nur noch eine untergeordnete Rolle: beim Rasenmähen, wenn Löcher in die Wand gedübelt werden müssen und beim Heraufttragen von Bierkästen.

Frauen sehen im Mann nicht mehr den Herrscher. Frauen sind in die Berufswelt der Männer eingedrungen und haben dadurch die festen Bezugspunkte, an denen sich Männer bislang orientiert haben, ad absurdum geführt. Frauen sind nicht mehr auf den Schutz des Mannes angewiesen – sie sind autark: Sie verdienen ihr eigenes Geld, gehen allein in Kneipen oder Diskotheken und haben so viele erotische Abenteuer, wie sie es für richtig halten.

Männer, die sich ungerührt an stereotypen Vorstellungen von Männlichkeit festklammern und sie lauthals verkünden, wirken fast komisch. Es sind Männer, die Frauen an den Platz am Herd verweisen und sich weigern, über gesellschaftliche Veränderungen nachzudenken. Jede Frau, die von dieser traditionellen Rolle abweicht, ist für solche Männer eine »Emanze«. Männer mit konservativer Einstellung und hierarchischem Geschlechtsverständnis leben überwiegend mit nichtberufstätigen Partnerinnen zusammen. Solche Männer sind auf dem Rückmarsch, wenn auch nur langsam.

Die meisten Männer halten Frauen heute für emanzipiert. Sie haben ein Gespür für die Veränderungen bei Frauen entwickelt. Trotzdem beharren sie in ihren eigenen vier Wänden auf der Wahrung der eigenen Interessen. Sie geben sich nur so lange liberal, wie ihre eigene Position nicht erschüttert oder bedroht wird. Sie sind nur in winzigen Schritten zu Veränderungen bereit.

Nach einer Studie der Frauenzeitschrift »Brigitte« vom Jahr 1985 findet die Aussage: »Der Beruf ist für den Mann wichtiger als für die Frau« bei der Mehrheit der Männer Zustimmung. Nur fünf Prozent wären bereit, für die Karriere der Frau die eigenen beruflichen Interessen zurückzustellen. Männer mit einem solchen egalitären Verständnis sind überwiegend unter den jüngeren zu finden.

Das alte Bild von der Frau besteht nicht mehr wie früher. Leider jedoch oft nur in der Vorstellung und nicht in der Praxis. Frauen, die ihren Beruf lieben und sich dafür engagieren, werden von Männern auf Dauer als zu anstrengend empfunden. Der neue Mann ist in der Minderheit. Man findet ihn hauptsächlich in der Mittelschicht. Aber vor allem diesen Mann suchen berufstätige Frauen mit beruflichen Ambitionen. Sie fragen sich immer häufiger: Sag mir, wo die Männer sind, die zu mir passen? Sie wünschen sich eine gleichberechtigte Partnerschaft mit Rücksichtnahme auf ihren Beruf: 61 Prozent der Frauen fordern von ihrem Partner Toleranz für ihre Karrierewünsche. 79 Prozent der Frauen scheitern mit ihrer Karriere oder haben erhebliche Probleme durch die Doppelbelastung durch Beruf und Haushalt. Jede dritte Karrierefrau überlegt sich deshalb, ob sie nicht auf Partnerschaft und Familie verzichten muß, wenn sie weiterkommen will. Das sind Ergebnisse einer repräsentativen Untersuchung der Gesellschaft für rationelle Psychologie aus dem Jahr 1990 unter 2567 berufstätigen Frauen zwischen 18 und 63 Jahren.

Die 34jährige Einkäuferin Andrea meint: »Alle reden vom neuen Mann, aber, bitte, wo steckt der denn? Viele tönen so loyal umher, finden eine erfolgreiche Frau ganz toll, aber im Endeffekt erwarten sie doch, daß ich für Haushaltsorganisation und die Probleme dort zuständig bin.«

Margit ist 43 und Unternehmensberaterin. Sie sagt: »Ich habe es satt, nach einem stressigen Tag auch noch Streß daheim zu haben. Klar gibt es Haushälterinnen, Putzfrauen und Kindermädchen. Aber trotzdem – wenn es irgendwo fehlt, legt er die Füße hoch, und ich darf rennen.«

Die 35jährige Anlageberaterin Katharina erzählt: »Ich sehe gut aus, verdiene viel und bin trotzdem allein. Männer finden mich zwar toll, aber eine Partnerschaft, so wie ich sie verstehe, mit Gleichberechtigung und Arbeitsteilung, das finden sie auf Dauer zu mühsam. Ich glaube, ob Männer es zugeben oder nicht – eigentlich sind sie auf der Suche nach dem selbstbewußten, gutverdienenden, aber anpassungsfähigen und pflegeleichten Weibchen. Aber das gibt es halt nicht.«

Tina ist 48 und Managerin. Ihre Meinung sieht folgendermaßen aus: »Einen Hausmann will ich auch nicht. Warum gibt es immer nur Schwarz oder Weiß? Entweder sie sind mir intellektuell unterlegen und langweilig, oder sie wollen es sich nur bei mir gemütlich machen, oder sie sind interessant und erfolgreich. Aber dann suchen sie sich eine Frau, die zu Hause auf sie wartet.«

Nach einer Studie der Carl-H.-Liebrecht-Personalberatung aus dem Jahr 1989, bei der 402 weibliche Führungskräfte befragt wurden, lehnen zwei Drittel der Managerinnen den Hausmann als Partner ab. Sie glauben, daß so ein Mann von der Persönlichkeitsstruktur nicht zu einer Frau in leitender Position paßt. Sie befürchten Probleme durch den großen Unterschied in Geisteshaltung, Bildung, Leistung und Zielstrebigkeit.
Von welchem Mann träumen Karrierefrauen?

Brigitte ist 31 und Friseurweltmeisterin: »Er soll kritikfähig und intelligent sein und viel, viel Verständnis für meinen Beruf haben.«

Die 24jährige Moderatorin Susanne meint: »Ich brauche keinen Macho und auch keinen Softie. Es muß die ideale Mischung sein. Er muß einfühlsam und stark sein. Sich durchsetzen können, aber meinen beruflichen Erfolg akzeptieren und trotzdem meine Weiblichkeit lieben. Ob er Geld hat, ist mir egal. Aber er darf nicht daheim apathisch in der Ecke hocken. Das geht mir auf die Nerven. Sein Leben muß auch interessant sein.«

Margot, eine 40jährige Direktorin, sagt: »Er braucht die richtige Portion Hirn, Herz und Humor. Verständnis, Intelligenz und Rücksicht auf meinen Beruf sind selbstverständlich für mich. Sonst bleibe ich lieber solo.«

Ob beruflich engagiert oder nicht – den richtigen Partner zu finden, halten Frauen wie Männer heute für schwierig. Wie der Lebenspartner der Träume aussieht, ermittelte das Sample-Institut (1989) unter 1070 Frauen und 930 Männern:

Frauen suchen nach dieser Befragung den lebenslangen Freund. Der Charakter des Traummannes steht bei Frauen an erster Stelle. Er soll ehrlich und offen (91 Prozent) sein, treu (88 Prozent), zärtlich (79 Prozent), gute Manieren haben (78 Prozent). Intelligenz ist mit 69 Prozent, Häuslichkeit mit 60 Prozent und berufliches Engagement mit 56 Prozent gefragt.
Männer hingegen sehnen sich nach der Fee: mit reiner Seele und viel Sex. Ein ehrliches und offenes Wesen fordern 91 Prozent, Treue 88 Prozent, Zärtlichkeit 88 Prozent, Großzügigkeit 66 Prozent, Intelligenz 59 Prozent und Interesse am Sex 56 Prozent.

Frank ist 52 und Frührentner. Er sagt: »Sie soll sich um alles kümmern, immer ein gutes Wort haben und gerne lachen.«

Der 39jährige Ingenieur Michael meint: »Die Pam aus Dallas ist meine Traumfrau. Tolle Figur, liebes, weibliches Wesen. Wahrscheinlich ist sie zu ehrgeizig, aber dafür im Bett absolut süß und trotzdem treu.«

Gerd ist 38 und Kaufmann. Er sagt: »Sie soll ein witziger Typ sein, ein bißchen kuschelig, ein bißchen wild. Aber sie muß es ernst meinen mit der Ehe und zu Hause alles nett machen.«

Peter, ein 46jähriger Computerfachmann, findet: »Sie soll toll im Bett sein, sich um mich kümmern. Ich muß bei ihr an erster Stelle stehen. Der Beruf darf bei ihr erst danach kommen. Aber wenn sie da viel Geld verdient, soll es mir recht sein.«

Was Männer ablehnen, ist berufliches Engagement (73 Prozent). Die Traumfrau soll still und lieb an ihrer Seite verweilen und ihnen Verläßlichkeit und häusliches Glück bescheren.

Das Selbstverständnis der Frau, ihre Rollenvorstellungen und Ansprüche an eine Partnerschaft haben sich verändert. Ein Prozeß, der Hand in Hand mit einer nur wenig veränderten Partnervorstellung der Männer geht. Aber dieser Prozeß ist nicht abgeschlossen. Viele Frauen und Männer sind auf der Suche nach ihrer Identität: Es gibt Frauen, für die der Beruf an erster Stelle steht, Frauen, die der Familie die Priorität geben, und Frauen, die sich nach einem Versorger sehnen. Es gibt Männer, für die die Übernahme von Haushaltspflichten gleichbedeutend mit dem Verlust ihrer Männlichkeit ist. Männer, die damit beschäftigt sind, ihre erschütterte Identität aufzubauen. Und Männer, die sich selbstbewußt für einen Säuglingspflegekurs anmelden.

Männer und Frauen stehen auf einer unterschiedlichen Stufe in ihrer Entwicklung.[17] Sie stehen im Wettbewerb zueinander. Männer halten Frauen für emanzipierter, als viele in Wirklichkeit sind; umgekehrt sind nicht alle Männer solche Machos, wie die Frauen glauben. Beide sind auf ein bestimmtes Bild voneinander fixiert und hegen die Befürchtung, mit jedem Nachgeben ein Stück der neu erkämpften Rechte oder der alten Privilegien zu verlieren. Das erschwert den Umgang miteinander. Denn beide können ihre Bedürfnisse nicht richtig ausdrücken und die Wünsche des Partners nicht wahrnehmen.

Die Kunst, gemeinsam zu wachsen

Soviel vorneweg: Leider gibt es kein Do-it-yourself-Rezept, keine praktische Anleitung für eine glückliche, funktionierende Partnerschaft.

Erst wenn die Phase des Kennenlernens und die erste Verliebtheit vorbei sind, kristallisiert sich heraus, ob die Beziehung über eine tragfähige Basis verfügt. Eine Beziehung darf keine symbiotische Verschmelzung mit einseitiger oder gegenseitiger Abhängigkeit sein. Es geht nicht um das totale Ja und auch nicht um das absolute Nein. Völlige Angepaßtheit und völlige Nichtangepaßtheit sind für eine Partnerschaft nicht zuträglich. Die Partner müssen zueinanderpassen, ohne sich gegenseitig völlig zu entsprechen.[18]

Jeder hat auch in der Partnerschaft eigene Bereiche, Interessen und Leidenschaften, die er mit dem anderen nicht teilen kann. Ein gewisses Maß an Fremdheit stimuliert die Entwicklung und provoziert ein konstruktives Einandersuchen.

In einer Beziehung braucht man Distanz und Grenzen zwischen dem Ich und dem Du. Grenzen, die zwar in der Verliebtheitsphase verwischen, die man sich aber später wieder zurückerobern möchte.

Diese Grenzen sind notwendig, da es die allumfassende Liebe, das völlige Einssein mit einem anderen Menschen, nur in unserer Wunschvorstellung gibt. Die Realität kann das nicht leisten. Man kann nicht aus zwei Menschen einen Menschen machen. Aber gerade der krampfhafte Versuch, in ständigem Gleichklang mit dem Partner zu schwingen, hindert uns daran, ihn als eigenständige Persönlichkeit mit vielleicht ganz anderen Bedürfnissen und Wünschen wahrzunehmen.

Das Gelingen einer Liebe hängt von der Korrektur dieses

Bestrebens ab. In einer Partnerschaft sollte die Übereinstimmung, der Schnittpunkt zwischen den Partnern, möglichst groß sein – aber es muß immer Teilbereiche geben, die nur dem anderen gehören. Das muß jeder Partner akzeptieren.
Was bedeutet nun Wachstum in der Beziehung? »Jeder muß in eigener Verantwortung zur Entfaltung des dyadischen Selbst beitragen. Gemeinsames Wachstum heißt ein dauerndes Ringen miteinander, heißt ständige gegenseitige Herausforderung und gegenseitigen Widerstand. Gemeinsames Wachstum ist alles andere, als sich für den Partner oder für die Partnerschaft aufzugeben, zu fusionieren oder sich aufzuopfern.«[19]
Das Entwicklungspotential von zwei Partnern ist aber nicht immer auf dem gleichen Stand. Es haben nicht beide zum gleichen Zeitpunkt die Bereitschaft, sich vorwärts zu bewegen. In der Regel empfindet dann der wachstumswilligere Partner, der nach persönlicher Entfaltung strebt, den anderen als Behinderung, oder er steckt die eigene Entfaltung zugunsten der Beziehung zurück. In beiden Fällen ist auf Dauer der Bestand der Beziehung gefährdet. In diesem Fall geht es darum, daß sich der stärkere Partner im eigenen Interesse darum kümmert, daß der schwächere bei diesem Prozeß Schritt halten kann. Die Gangart und die Geschwindigkeit bei diesem Prozeß bestimmt also immer der Schwächere. Sonst riskiert man das Ende der Beziehung, und beide sind Verlierer.
Dieses Wachsen und Ringen mit dem Partner darf nicht aus egoistischen Motiven heraus entstehen. Die Aktivitäten müssen auf die Erfüllung der Ziele und Aufgaben des gemeinsamen Prozesses zentriert sein.
In einer Partnerschaft gibt es kein objektives Richtig und Falsch. In manchen Fällen kann es richtig sein, den Partner zu unterstützen, in anderen Fällen ist es falsch. Dem Part-

ner Grenzen zu setzen kann richtig sein, aber auch falsch. Dem Partner mehr Freiheiten zuzugestehen kann richtig sein, aber auch falsch.
Ob etwas für eine Partnerschaft richtig ist, ergibt sich erst aus dem Ergebnis. Entscheidend ist, ob die gemeinsame Geschichte trotz aller Schwierigkeiten von jedem Partner als glücklich, harmonisch und konstruktiv erlebt wird.

7 Testspiele

Haben Sie Lust auf Trennung?

Wenn Sie wissen wollen, ob Sie Lust auf Trennung haben, beantworten Sie die folgenden Aussagen und Fragen spontan mit »Ja«, »Nein« oder »Manchmal.«

	Ja	Nein	Manchmal
1. Es regt mich auf, wenn mein Partner ständig an mir herumnörgelt.	☐	☐	☐
2. Ich fühle mich meistens ausgeglichen und freue mich auf den gemeinsamen Abend. Aber es kommt öfters vor, daß ich dann doch frustriert bin, weil sich meine Erwartungen auf einen schönen Abend nicht erfüllen.	☐	☐	☐
3. Es stört mich, daß mein Partner jede Kleinigkeit mit mir besprechen will.	☐	☐	☐
4. Ich kann es nicht immer verhindern, daß bei Streitigkeiten aus einer Mücke ein Elefant wird.	☐	☐	☐
5. Ich habe schon öfter darüber nachgedacht, ob ich nicht doch etwas in meinem Leben verpaßt habe.	☐	☐	☐

	Ja	Nein	Manchmal
6. Manchmal überfordert mich die ganze Latte an Verpflichtungen: Haushalt, Beruf, Partnerschaft.	☐	☐	☐
7. Es kommt vor, daß wir nebeneinandersitzen und uns wenig zu sagen haben.	☐	☐	☐
8. Ich beneide manchmal Freunde, die ungebunden durch die Gegend flippen können.	☐	☐	☐
9. Ich bin zu meinem Partner nicht immer liebenswürdig und zuvorkommend.	☐	☐	☐
10. Ich habe mich damit abgefunden, daß die Liebe selbst in einer glücklichen Partnerschaft nicht immer auf Hochtouren läuft.	☐	☐	☐
11. Es gibt viele Fragen des Lebens, in denen mein Partner und ich uns nicht einig sind.	☐	☐	☐
12. In der letzten Zeit passiert es immer häufiger, daß wir keine Lust aufeinander haben.	☐	☐	☐
13. Ich verbringe mehr Freizeit allein als früher. Das brauche ich, und das genieße ich.	☐	☐	☐
14. In meinem Leben muß alles nach meinem Willen gehen.	☐	☐	☐
15. Ich trage meinen Partner auch noch Fehler nach, wenn er sich schon bei mir entschuldigt hat.	☐	☐	☐
16. Wenn Sie andere (Männer/Frauen) anschauen, sind das grundsätzlich andere Typen als ihr eigener Partner.	☐	☐	☐

	Ja	Nein	Manchmal
17. Ich vergleiche meinen Partner oft mit den Partnern meiner Freundinnen oder Freunde.	☐	☐	☐
18. Wir streiten uns ständig.	☐	☐	☐

Auflösung:

Geben Sie sich für jedes »Ja« drei Punkte, für jedes »Manchmal« einen Punkt und für jedes »Nein« null Punkte.

0 – 16 Punkte:

Sie sind für ein Leben zu zweit wie geschaffen. Sie stehen zu Ihrer Partnerschaft und sind weit weg vom Egotrip und Selbstverwirklichungsstreben. Für Ihre Partnerschaft tun Sie sehr viel. Sie investieren Ihre ganze Energie, Ihr Vertrauen und viel von Ihrer persönlichen Freiheit. Sie sollten nur aufpassen, darüber nicht völlig Ihre eigenen Interessen, Wünsche und Hobbys zu vergessen.
Mit der Grundeinstellung, die Sie zu Ihrer Beziehung haben, können Sie alle Höhen und Tiefen meistern, von denen auch eine gute Partnerschaft nicht verschont bleibt.

17 – 27 Punkte:

Sie haben gelegentlich darüber nachgedacht, ob Sie und Ihr Partner wirklich so gut zusammenpassen. Oder Sie beschäftigen sich zumindest unbewußt damit, aus der Partnerschaft auszubrechen und neue Wege zu finden.
Es gibt viele gravierende Punkte, in denen Ihre Vorstellungen von Beziehung denen Ihres Partners widersprechen. Sie verstehen sich nicht mehr so gut wie früher. Sie ertappen sich oft dabei, daß Sie an vergangene Zeiten, Gemeinsamkeiten und unbeschwert fröhliche Stunden zurückdenken.
Noch hat Ihre Beziehung Chancen. Werden Sie sich darüber klar, ob Sie diese Chancen nutzen wollen. Das können Sie nur, wenn Sie versuchen, ruhig und sachlich mit Ihrem Partner darüber zu sprechen und ihn eindringlich auf Ihre Probleme und Unzufriedenheit mit der Beziehung hinweisen.
Fragen Sie sich auch, ob Sie nicht vielleicht Ursache dieser Unzufriedenheit sind. Nicht automatisch trägt Ihr Partner die Schuld daran. Hören Sie sich auch die Meinung und Kritik Ihres Partners an.
Wenn Sie beide es wollen, werden Sie einen Ausweg aus Ihrer momentanen Beziehungslustlosigkeit finden.

28 – 45 Punkte

Sie sehnen sich immer öfter nach Unabhängigkeit und Freiheit, fühlen sich eingeengt und werden dadurch zunehmend unzufriedener. Liegt das wirklich an Ihrer Beziehung, oder spüren Sie diese Einschränkungen immer, wenn Ihre Partnerschaft enger und fester geworden ist?

Sie sind eine eigenwillige Persönlichkeit, und es fällt Ihnen auf Dauer schwer, sich anzupassen und festzulegen. Sie sollten sich fragen, wieviel Ihnen Ihre Beziehung bedeutet. Denn so kann es nicht weitergehen, denn sonst machen Sie sich und Ihren Partner nur unglücklich, und es ist kein Wunder, daß es in Ihrer Partnerschaft zunehmend kracht. Vielleicht ist eine Trennung auf Zeit sinnvoll? So können Sie überlegen, wieviel Wert Ihnen Unabhängigkeit und ein Leben allein und in Freiheit wirklich ist.

45 Punkte und mehr

Sie sollten sich wirklich schleunigst trennen. In Ihrer Partnerschaft stimmt überhaupt nichts mehr. Sie sind unzufrieden, unglücklich und haben keine gemeinsame Basis mehr. Die Trennung wäre die beste Entscheidung, sowohl für Sie als auch für Ihren Partner. Denn es handelt sich nicht nur um die üblichen Mißverständnisse, sondern um ganz erhebliche Störungen, die wahrscheinlich nicht mehr zu beheben sind. Für eine Partnerschaft sind Sie, zumindest momentan, überhaupt nicht geeignet.

Ist Ihr Partner trennungssüchtig?

Beantworten Sie alle Fragen ganz spontan mit »Ja«, »Manchmal«, »Vielleicht« oder »Nein«.

	Ja	Manchmal	Vielleicht	Nein
1. War Ihr Partner am Anfang Ihrer Beziehung sehr aufmerksam und liebevoll? Fragen Sie sich heute öfter, was aus diesem liebevollen Menschen geworden ist?	☐	☐	☐	☐
2. Verbringt Ihr Partner zunehmend Freizeit allein?	☐	☐	☐	☐
3. Kommt er immer öfter spät nach Hause?	☐	☐	☐	☐
4. Ist er Ihnen gegenüber nicht mehr so höflich und aufmerksam?	☐	☐	☐	☐
5. Hört er sich immer seltener Ihre Probleme an, und nimmt er sie nicht ernst?	☐	☐	☐	☐
6. Stellen Sie fest, daß er im Kreise mit anderen Leuten fröhlicher und witziger ist?	☐	☐	☐	☐
7. Beachtet er Sie kaum, wenn Sie beispielsweise gemeinsam auf eine Party gehen?	☐	☐	☐	☐
8. Flirtet Ihr Partner dann mit anderen?	☐	☐	☐	☐
9. Läßt er sich in Ihrer Gegenwart äußerlich gehen?	☐	☐	☐	☐

	Ja	Manchmal	Vielleicht	Nein
10. Haben Sie das Gefühl, daß er sich ohne Sie besser amüsiert?	☐	☐	☐	☐
11. Schlafen Sie seltener miteinander?	☐	☐	☐	☐
12. Ist er im Bett weniger aufmerksam, zärtlich und einfühlsam als früher?	☐	☐	☐	☐
13. Schwärmt Ihr Partner von anderen Frauen/Männern oder von Personen, die ohne feste Beziehung leben?	☐	☐	☐	☐
14. Hat er schon öfter mal zum Ausdruck gebracht, daß er sich allein wohler fühlen würde?	☐	☐	☐	☐
15. Nörgelt er ständig an Ihnen herum?	☐	☐	☐	☐
16. Haben Sie das Gefühl, daß Sie ihm in seinen Augen nichts rechtmachen können?	☐	☐	☐	☐
17. Hat er im Streit schon Trennungsabsichten geäußert?	☐	☐	☐	☐
18. Ist ihm jeder Vorwand recht, um später von der Arbeit zu kommen?	☐	☐	☐	☐
19. Fühlen Sie sich zunehmend verunsichert und unglücklich?	☐	☐	☐	☐
20. Haben Sie aufgrund des Verhaltens Ihres Partners auch schon an Trennung gedacht?	☐	☐	☐	☐
21. Haben Sie manchmal das Gefühl, Ihr Partner betrügt Sie?	☐	☐	☐	☐

Auflösung:

Für jedes »Ja« bekommen Sie drei Punkte, für jedes »Vielleicht« oder »Manchmal« einen Punkt. Für jedes »Nein« null Punkte.

0 – 9 Punkte

Sie brauchen sich keine Sorgen zu machen. Ihre Beziehung ist völlig in Ordnung. Ihr Partner steht zu Ihnen und hat nicht einmal im Traum die Absicht, sich von Ihnen zu trennen.

10 – 35 Punkte

Unbewußt beschäftigt sich Ihr Partner manchmal mit dem Gedanken, aus dieser festen Beziehung auszubrechen. Er fühlt sich eingeengt und hat das Gefühl, auf viele Annehmlichkeiten des Lebens verzichten zu müssen.
Noch ist die Situation so, daß er auf der anderen Seite die Vorzüge der Beziehung schätzt und an Ihnen hängt. Das sind die besten Voraussetzungen dafür, daß Sie beide die Beziehung wieder ins Lot bringen.
Denken Sie daran, Krisen gibt es auch in der besten Beziehung. Aber damit aus der Krise kein Drama wird, dürfen die Probleme und Unzufriedenheiten nicht unter den Teppich gekehrt werden. Aber das tun Sie beide.
Hören Sie damit auf. Sprechen Sie offen mit Ihrem Partner. Fragen Sie ihn, weshalb er unzufrieden ist. Überschütten

Sie ihn nicht mit Vorwürfen, sondern versuchen Sie, sich mit seinen Problemen ernsthaft auseinanderzusetzen. Finden Sie Lösungsmöglichkeiten.

36 – 45 Punkte

Ihre Beziehung steckt in einer ernsthaften Krise. Bei Ihrem Partner treten Trennungsgedanken immer häufiger auf. Vielleicht hat er mit Ihnen schon darüber gesprochen. Vielleicht ist es auch noch sein Geheimnis. Auf jeden Fall ist er dabei, sich innerlich von Ihnen zu lösen und von der Beziehung zu verabschieden.
Sie müssen so schnell wie möglich mit ihm darüber reden. Vorwürfe, Szenen und Schuldzuweisungen nützen in einer solchen Situation nichts. Sie machen es nur schlimmer. Egal, wie Sie sich jetzt verhalten, in so einer Situation ist es sehr schwer, das Richtige zu tun. Denn damit eine Beziehung funktioniert, müssen immer beide daran arbeiten. Verweigert Ihr Partner diese Arbeit, gibt es momentan wenig Chancen für die Beziehung.
Vielleicht ist bei Ihnen eine Trennung auf Zeit sinnvoll, damit Ihr Partner sich überlegen kann, wieviel ihm diese Beziehung bedeutet, bevor sie endgültig ruiniert ist.

46 Punkte und mehr

Ihre Beziehung ist zu Ende. Falls Ihr Partner sich noch nicht von Ihnen getrennt hat, wird er das sicher in der nächsten Zeit tun.

Seelisch hat er sich von der Partnerschaft und von Ihnen längst verabschiedet. Er geht seine eigenen Wege, lebt sein Leben und legt auf Gemeinsamkeiten und Ihre Gefühle keinen Wert mehr.
Diesen Partner sollten Sie auf keinen Fall zu halten versuchen. Sein Interesse an Ihrer Partnerschaft ist gleich null, auch wenn er Ihnen vielleicht etwas anderes erzählen wird. Lassen Sie sich Ihr Leben nicht ruinieren. Wenn er sich nicht schnellstmöglich von Ihnen trennt, entschließen Sie sich zu diesem Schritt.

Anhang

Quellenverzeichnis

Kapitel I

1 Gross, Werner: Hinter jeder Sucht ist eine Sehnsucht. Hilfe für den Umgang mit unseren Alltagsdrogen. Essen, Fernsehen, Musikhören, Arbeiten. Freiburg, Basel, Wien 1983, S. 21.

2 Willi, Jürg: Die Zweierbeziehung. Spannungsursachen, Störungsmuster, Klärungsprozesse, Lösungsmodelle. Analyse des unbewußten Zusammenspiels in Partnerwahl und Paarkonflikt: Das Kollusions-Konzept. Reinbek 1975, S. 107 ff.

3 ebd., S. 125 ff.

4 ebd., S. 124 ff.

5 Schaef, Anne Wilson: Die Flucht vor der Nähe. Warum Liebe, die süchtig macht, keine Liebe ist. Hamburg 1990, S. 167 ff.

6 Halpern, Howard M.: Liebe und Abhängigkeit. Wie wir übergroße Abhängigkeit in einer Beziehung beenden können. Hamburg 1989, S. 67.

Kapitel II

1 Willi, Jürg: Koevolution. Die Kunst gemeinsamen Wachsens, Hamburg 1985, S. 124.

2 Dowling, Colette: Perfekte Frauen. Die Flucht in die Selbstdarstellung. Frankfurt am Main 1989, S. 58.

3 Vaughan, Diane: Wenn Liebe keine Zukunft hat. Stationen und Strategien der Trennung. Hamburg 1988, S. 46.

4 ebd., S. 68.

5 Bild Zeitung vom 16.12.1987.

6 Playboy-Untersuchung aus dem Jahre 1984.

7 Willi, Jürg: Koevolution. [. . .], S. 259.

8 ebd., S. 151.

9 ebd., S. 124.
10 Person, Ethel S.: Lust auf Liebe. Die Wiederentdeckung des romantischen Gefühls. Hamburg 1990, S. 106 ff.
11 Fromm, Erich: Die Kunst des Liebens. Frankfurt am Main, Berlin, Wien 1980, S. 131.
12 Das neue Fischer Lexikon.
13 ebd., S. 99.
14 Willi, Jürg: Koevolution. [. . .], S. 51.
15 Willi, Jürg: Die Zweierbeziehung [. . .], S. 67 ff.
16 Fromm, Erich: Die Kunst des Liebens, S. 133.
17 Castelain-Meunier, Christiana: Männer haben überlebt. Die neue Offenheit. Zürich 1990, S. 60.
18 Willi, Jürg: Koevolution. [. . .], S. 131.
19 ebd., S. 145.

Weitere Bücher zu diesem Thema

Bischoff, Sonja: Frauen zwischen Macht und Mann. Männer in der Defensive. Führungskräfte in Zeiten des Umbruchs. Hamburg 1990
Boswiujk-Hummel, Riekje: Ehe und was man daraus machen kann. Aus Abhängigkeit zur Partnerschaft. Offenbach 1988
Brocher, Tobias: Von der Schwierigkeit zu lieben. Stuttgart 1975
Covington, Stephanie; Beckett, Liana: Immer wieder glaubst du, es ist Liebe. Wege aus der Beziehungssucht. München 1990
Drewes, Theodor; Hollender, Reiner: Familienrecht. Ehe. Scheidung. Unterhalt. Niedernhausen/Ts. 1985
Forward, Susan: Liebe als Leid. Warum Männer ihre Frauen

hassen und Frauen gerade diese Männer lieben. München 1988
Gullo, Stephan; Church, Connie: Wir haben uns getrennt und was jetzt? Der Weg aus dem Trennungsschock. Wie man das Ende einer Liebesbeziehung positiv überwinden kann. Bern, München, Wien 1988
Kneissler, Michael: Gebt der Liebe eine Chance. Plädoyer wider die Herzlosigkeit. München 1985
Metz-Göckel, Siegrid; Müller, Ursula: Der Mann. Die Brigitte-Studie. Psychologie Heute – Buchprogramm. Weinheim, Basel 1986
Mitscherlich, Margarete: Über die Mühsal der Emanzipation. Frankfurt am Main 1990
Merian, Svende: Der Tod des Märchenprinzen. Reinbek bei Hamburg 1983
Norwood, Robin: Wenn Frauen zu sehr lieben. Die heimliche Sucht, gebraucht zu werden. Reinbek bei Hamburg 1986
Rode, Irmgard: Zwischen Liebe und Arbeit. Weinheim 1990
Schaeffer, Brenda: Wenn Liebe zur Sucht wird. München 1989
Schellenbaum, Peter: Das NEIN in der Liebe. Abgrenzung und Hingabe in der erotischen Beziehung. Stuttgart 1984
Schulz, Hans Jürgen (Hrsg.): Trennung. Stuttgart 1984
Wawerzonnek, Marcus: Marionetten der Liebe. Die tägliche Manipulation im sexuell-emotionalen Bereich. München 1990
Wilde, Barbara: Eine Familie bleiben. Das gemeinsame Sorgerecht – ein neuer Weg bei Ehescheidungen. München 1989
Wolf, Doris: Wenn der Partner geht . . . Wege zur Bewältigung von Trennung und Scheidung. Mannheim 1987

Peter Lauster

Liebeskummer als Weg der Reifung

144 Seiten mit 21 Aquarellen, gebunden mit Schutzumschlag

Trennungen und die damit verbundenen Trennungsschmerzen erleben die meisten Menschen in ihrem Leben zumindest einmal. Liebe führt eben nicht immer zur beglückenden Erfüllung einer Partnerbeziehung, sondern ist oft auch mit Liebeskummer verbunden, und dieser wiederum wird häufig als auswegloser Schicksalsschlag empfunden. Mit diesem schmerzlichen Problem kann man jedoch kreativ umgehen. Psychologisch gesehen liegt im Durchleben von Trennungen die Chance, innerlich zu wachsen und zu reifen. Diesen Lernprozeß vermittelt Peter Lauster auf Einfühlsame und behutsame Weise. Er will sein Buch nicht als Lebenshilferatgeber verstanden wissen, sondern als Angebot zum Nachdenken über innere Entwicklungsmöglichkeiten, das jeder wahrnehmen kann, der zum Dialog mit sich selbst bereit ist.

Dean C. Delis · Cassandra Phillips

Ich lieb' Dich nicht, wenn Du mich liebst

Nähe und Distanz in Liebesbeziehungen

320 Seiten, broschiert

Je mehr ein Partner liebt, je mehr Liebe er erwartet, desto mehr zieht sich der andere zurück. Gleichgültigkeit erzeugt Liebe, Liebe ruft Ablehnung hervor. Das ist ein Phänomen, unter dem durchaus nicht nur Frauen leiden – Männer sind, wie der Psychotherapeut Dean C. Delis es in seiner Praxis immer wieder erlebt hat, ganz genauso betroffen. In einer »normalen« Partnerschaft liebt immer einer mehr als der andere. Aus diesem Mangel an Ausgewogenheit resultieren wachsendes Verlangen und Verzweiflung bei dem unterlegenen Partner, und auf der anderen Seite entsteht Unzufriedenheit, vermischt mit Schuldgefühlen und Überdruß bei dem »Überlegenen«. Delis hat mit Hunderten von Paaren gearbeitet, und er bietet Techniken an, die sich in der Praxis bei der Lösung dieses Problems bewährt haben. Er erklärt, warum typische Verhaltensmuster und Beziehungsstrukturen nicht funktionieren können und was jeder tun kann, um das Ungleichgewicht in der Beziehung in den Griff zu bekommen. Sein Ansatz vermittelt völlig neue Einsichten, die dazu befähigen, gleichberechtigte, dauerhafte Beziehungen aufzubauen.